堤義明

西武グループの総帥はいかにして失墜したか

闇の帝国

七尾和晃

Kazuaki Nanao

光文社

堤義明　闇の帝国

プロローグ

二〇〇四年十月十三日の堤義明コクド会長の辞任会見は、あまりに唐突で、予想をはるかに超える展開だった。

その日の午後、私は東京・赤坂の赤坂東急ホテルの喫茶店で、産経新聞社会部記者の住井亭介氏と、とりとめのない会話に興じていた。まもなく五時を迎えようかというころ、携帯電話が鳴った。

「週刊東洋経済」の岡田広行氏だった。

「六時半から西武鉄道が緊急の会見を開くと言っています。いまごろ何でしょうね。会見に向かいませんか？」

岡田氏からの電話を切ったのを見計らったかのようなタイミングで、今度は知り合いの日本経済新聞の記者からも電話が入った。慌ただしい。いったい何を発表するのだろうか。

同年三月一日に発覚した西武鉄道の利益供与（商法違反）事件は、八月には逮捕者の判決が確定し、総会屋の芳賀《はが》竜臥《りゆうが》も九月に死去していた。利益供与事件はすでに終わっている。この期に及んで何があるのだろうか。ただならぬ異変に、住井氏も訝《いぶか》しがっている。発表のタイミングがいかにも妙だ。

気がつけば、急《せ》き立てられるように車で会見場の新高輪プリンスホテルに向かっていた。あのとき、住井氏に促されなければ堤氏の西武グループトップとしての最後の姿を見ることはなかっただろう。そして始まった記者会見の冒頭、堤氏はコクド・西武グループの全役職からの辞任を発表したのだった。

この十月十三日の会見を境に、メディアは再び西武グループをめぐる報道合戦に突入していった。私にとってもこの会見は、生涯忘れることができないものとなった。

我田引水になるかもしれない。利益供与事件をきっかけに、コクドや西武グループ全体の株管理疑惑の解明を狙った約二年間にわたる私自身の取材は、結果的にはその目指すところに到達できずに終わった。だが、堤氏の辞任と、それにつづいて行われた西武鉄道による「借名株」の発表は、私がそれまでつづけてきた取材活動と警視庁による摘発が結果として突破口になったように感じられた。

自分のなかで「追い込みきれなかった」と思っていた取材が、突如として息を吹き返し、蘇《よみがえ》ったのだ。

〇四年三月一日、伊倉誠一専務らの逮捕者を出した西武鉄道では、警視庁による二度目の家宅捜索と前後して、四月八日に戸田博之社長が、同月十四日に堤義明会長が辞任を表明した。現職専務らの逮捕からおよそ一カ月半後という、遅きに失した〝ケジメ〟だった。しかも、堤氏はコクド会長を含めた他のグループ役職には留まり、警察当局を呆れさせた。土地取引の偽装による利益供与は、日本の捜査史上初めてとなる、恥ずべき汚名となった。それにもかかわらず、堤氏はその地位に固執し続け、メディアの眼差しには、呆れと諦めが交錯した。

そして、利益供与事件発覚から七カ月が過ぎた十月十三日、西武鉄道は突然、同社の個人名義の株がコクドとプリンスホテルの実質所有だったとする、いわゆる「借名株」の事実を認め、発表した。堤氏は同日、西武ライオンズのオーナー職を含めたすべての役職を辞任。グループ経営から身を引いた。

だが、堤氏の辞任表明は事態を収束に向かわせるどころか、この日を境に、西武グループでは次々にその長年の膿《うみ》を露呈させていった。西武鉄道に続き、グループ企業の伊豆箱根鉄道と近江鉄道でも同様の借名株が存在していたことが判明する。

コクド幹部らは一連の借名株の処理を巡り、暮れにかけて相次いで辞任に追い込まれていった。堤氏とその側近幹部らによるインサイダー取引の疑惑で、証券取引等監視委員会や東京地検特捜部が聴取・捜査の意向を固めていく傍ら、その包囲網から逃れようとするかのような、それはまるで〝逃げ足〟の速さに映った。

その一方で、西武グループが一兆円超という天文学的な有利子負債を抱え、事業運営が身動きの取れない状況に陥っていることも明らかになった。西武鉄道の株価によって担保されていた膨大な含み資産も、借名株発覚から二カ月後の十二月十七日、東証での上場廃止によって泡と消えた。新興市場のジャスダックでの年度内上場を目指そうとするも、世論の風当たりが予想以上に強く、結局、当初の目論みは次々と潰《つい》えた。

直接の知人でもない堤氏に、なんら個人的な思いはない。すべては中嶋忠三郎氏という、かつて西武グループの大番頭として半生を捧げた人物の晩年の悲しみを知ってしまったことが始まりだった。

取材を始めた当時、私は「週刊新潮」の専属記者だった。だが、残念ながら西武鉄道の利益供与事件も借名株も「週刊新潮」では記事にできなかった。コクド広報室が上司を通じて編集部に圧力をかけてきたのだ。しかし、取材をやめるわけにはいかない。自らの信念を貫き、必ず取材をやり遂げてみせると決意し、「週刊新潮」を離れたのは〇四年四月のことだった。以後、私はフリーとなった。

猛暑の七月、ただひたすら堤家のルーツである滋賀県の田んぼの中を往来し、集落から集落を移動した。西武のための夏だった。

自らの執念としぶとさだけが拠り所だった。それは、私の取材活動の経歴が誇るべき強みでもあった。私は業界紙出身である。

設備産業新聞、日本設備工業新聞、化学工業日報、医薬経済、そして「週刊新潮」と、私は転がるような七年間で身に付けたものすべてを、この西武の取材に投入していた。ワンルームマンションの一室で社長と二人、取材し、原稿を書き、見出しの地紋を決め、整理し、見出しにワックスをつけ、カッターを片手に自らブランケット大の台紙に大張りしていく。業界紙出身の叩き上げの意地と決意を、この西武取材に注ぎ込んだ。

取材中、コクド広報室長の下田恒男氏の言葉が何度も何度も頭をよぎった。「わかりました。すぐにお会いしましょう」。ところがその約束は果たされず、代わりに上司を通じて取材に介入してきたのだ。かつて業界紙時代から、いく度となく企業の広報マンや取材相手から発せられた慇懃《いんぎん》で露骨な〝業界紙払い〟に、その下田氏の姿はピタリと重なった。

猛暑のなか、その悔しさが、「もう一カ所、もう一カ所だけ」と気力を新たにさせた。

名前を聞いたこともない業界紙の取材を受ける人や企業はほとんどいない。名刺が通用しないからこそ、すべての場面が「マイナスから」のスタートになる。「ノーといわれてからが始まり」が取材の前提だった。障害は高ければ高いほど胸躍ってくる。それは病的な執念であるのかもしれなかった。

業界紙には今なお私と同じような年齢の多くの若者がいる。取材に挑んでも相手にもされず、そこで腐ってなるものかと、日夜悔しさのなかでネタを探している。そんな業界紙記者が思う夢は、「最後尾からトップに躍り出てみたい」。そうした思いを抱く仲間たちのためにも、業界紙出身者が取材のフロントランナーとして立てることを証明しなければならない。そんなルサンチマンと隣り合わせの執念が、十月十三日のあの会見に私を導いてくれたのだろう。

西武帝国の崩壊――というにはまだ早すぎるかもしれない。だがその引き金となった西武鉄道の利益供与事件をともに取材し、警視庁による摘発にまで持ち込んだ産経新聞水戸支局の宇田川尊志記者は、〇四年七月に東京本社社会部の検察担当として戻ってきた。新聞報道としては、産経新聞は最後には読売新聞に追いつかれ「同着スクープ」になったが、宇田川氏はその取材成果を上司に語ることもなく、社長賞の栄誉を同僚に譲った。

管轄を越えた取材活動は組織としての是非はあろう。しかし、建て前の枠を乗り越えてまでも自らの信念と好奇心に生きようとする人間とこそ、ともに仕事をしたいと思う。

現在も産経新聞社内で西武鉄道事件における宇田川氏の粘り強い取材活動の痕跡と功績を知る人間は皆無に等しい。

そして、「週刊東洋経済」の山崎豪敏副編集長、岡田広行氏、長谷川隆氏らの豊富な企業取材の経験と税務・会計を含めた経済法務の知識集積があったからこそ、二年間に及ぶ取材はかたちを整えるところまで辿《たど》り着くことができた。現在、中国に留学中の西村豪太氏もその取材コンソーシアムにとって大きな貢献者である。

山崎氏は病身に鞭打ちながらアドバイスを繰り出し、岡田氏は少ない休日さえ返上して東奔西走し、長谷川氏はカーナビにさえ映らない福島の道なき道に分け入った。そして、全員の慧眼《けいがん》をもって、いく度となく資料の分析を繰り返した。

〇三年、私は底も見えず、色さえ判然としない臭気放つ沼に飛び込み、小さなネタを握り上げた。それを、宇田川氏の事件に対する嗅覚《きゅうかく》と、山崎、岡田、長谷川、西村の各氏の透徹した経済的視角が見事にかたちにしたのであった。

取材班の成果は、それぞれが各々の媒体で多くのトップ記事として結実させた。そして、その締めくくりとなる本書は、組織の垣根を越えた取材態勢が機能できることの証左にほかならない。

—目次—

装丁　倉田明典

第一章　利益供与事件の端緒

敏腕事件記者

「西武鉄道が総会屋に株を買われたそうだよ。もう一昨年だけど。有名な総会屋だ。松坂屋事件の。それ以上は言えないけどな」

　ウィスキーの水割りが二杯目に入ったとき、ほろ酔い機嫌が手伝ったのか、会話の空隙《くうげき》を埋めるように男はふと呟《つぶや》いた。

　二〇〇三年の四月だった。男とはその年に知り合ったばかりだが、すでに何度も顔を合わせていた。

　ネタを拾うためでなく、男から聞かされる古い思い出話や、実業界の裏話など、他愛もないやりとりが楽しかった。

　だが、足掛け七年の記者稼業からか、ある種の習性が身に付いていた。どんなに酔っても会話の内容や相手の表情、身振りを仔細に思い出せてしまうのだ。酒を飲めば飲むほど、その再現力は高まった。

酔いつぶれて乗り込んだタクシーで、半ば無意識に社用の細長いメモ帳にキーワードを書き殴っていた。

「葉巻」

葉巻は男の嗜好品《しこうひん》だ。会話から拾ったメモには、常に気づいた相手の嗜好や癖をひとつ書き添える。それだけで、男が語ったときの様子がいつでも鮮明に蘇ってくる。

「西武」「総会屋」「松坂屋」「二〇〇二」

四つのキーワードは、男が「言えない」と怯《ひる》んだ、ある人物の名前を導いていた。

「ハガリュウガ?」

男から話を聞いたしばらく後、私は産経新聞水戸支局に赴任していた旧知の記者、宇田川尊志に電話をした。

宇田川とはその数年前、宇田川が警視庁の経済犯を扱う捜査二課、捜査四課(現組織犯罪対策三課)の担当(通称二・四担)だったときに、旧通産省の工業技術院での機材購入事件などをともに取材したことがあった。オランダの精密機械大手、フィリップス社の最先端電子顕微鏡の納入をめぐり、工業技術院の役人が購入帳簿を改ざんするなどしていた事件である。私が引っ掛けてきたネタを、宇田川は緻密な取材で裏付け、産経のスクープとしてものにした。情報ソースとしても友人としても信頼のできる相手である。水戸に赴任したのは、デスクに上がる前のステップとして、いったん「地方に出る」ＢＢ（ビッグブラザー）制度と呼ばれる産経新聞のシステムのためだった。

宇田川の携帯電話の着信表示に、私の名前が表示された。また好奇心の塊の面白い話が聞けるのか、と宇田川は小躍りしながら通話ボタンを押した。東京本社管内に比べれば圧倒的に事件の少ない水戸での仕事に少し飽き飽きしているようだった。

「総会屋のハガって知ってる？」

私は単刀直入に切り出した。

「ああ、芳賀竜臥かな」

二・四担だった宇田川にとって知らないはずはない名前だ。勘のいい宇田川の反応にホッとして、まくし立てた。

「芳賀が西武鉄道に株付けして、利益供与を受けたらしいんだ。噂じゃない。一次ソースから俺が直接聞いた話だから間違いない。そのソースの情報の確度は高い。だから間違いない話だ」

「株付け」とは、総会屋などが狙った企業の株を購入することを示す隠語である。「一次ソース」とは事件当事者などから、伝聞ではなく直接に事情を聞けるネタ元（情報源）を指す。

宇田川は一瞬にして頭を巡らせた。

取材の詰めを決するのは、事件にかかわった当事者からの直接証言が取れるかどうかが大きい。それを記事にできるかどうかは、事件の登場人物が社会的影響力を持っているかどうか、報道に公益性があるかどうかなどである。

登場人物に不足はない。芳賀竜臥は、総会屋としては大物中の大物で、清水一行の小説『虚業集団』のモデルにもなっている。一九九三年にはキリンビール事件で書類送検され、九七年には松坂屋事件での逮捕もあった。その伝説の男が、また企業に株付けしたとなればこれは一大事だ。警察が動くことは間違いない。

七十四歳にもなる芳賀の経歴は不詳である。本人も公に語ることは少なかった。もともとは横須賀など神奈川方面に強い地盤を持つと言われてはいるが、そんな話とて裏付けはない。西武鉄道はいったい芳賀の何に怯えたのか。

「女のようなおねえ言葉で腰が低いから、企業の総務担当者は何か知られているんじゃないかと思ってかえって怖くなるんだよ」

やはり古参の総会屋の一人が芳賀をそう評していた。

かつて、一時期は仏門に身を委《ゆだ》ねたという話も流れた。

しかしその直後に剃《そ》った坊主頭のまま逮捕されてもいた。戦後の闇社会のなかで企業の裏方を引き受け、のし上がってきた人物である。しぶとさは筋金入りだ。

西武鉄道がその芳賀に利益供与をしたとなれば問題だ。九七年の商法改正で、企業は建て前ではいっせいに総会屋との接点を絶ったことになっている。

わずかな情報で宇田川の頭はぐるぐると回った。だが、電話を切った宇田川は久しぶりに興奮している自分に気づき、事件記者としての血が騒ぐのを覚えたという。もしかすると、私が切り際に放った一言が宇田川の気持ちを昂《たかぶ》らせたのかもしれない。

「産経のスクープでいこう」

そして何より、この利益供与事件の報道が後述するコクド・西武グループの不透明な株管理体制に切り込む突破口になるかもしれない——。

宇田川と私は密かにそれを期待していた。

無防備な一言

きっかけは、ささいなことだった。激震の前触れはいつも、ささやかで誰も気にもとめないものである。微弱な振動が激震を引き起こすかどうかは、それを受け止める側の意識に触れるかどうかでもあるからだ。西武鉄道による芳賀らへの利益供与の発覚も、たった一言が引き金となった。

二〇〇一年七月、埼玉・所沢は蒸し暑かった。

「いや、参ったよ。実は芳賀に株付けされちゃってね。土地を転売させてなんとかやりくりしたんだけど……」

前月の株主総会を無事乗り切った安堵感からか、西武鉄道総務担当常務（当時）の伊倉誠一は、古くから付き合いのある取引業者と昼食をとりながら、唐突に洩らした。場所は西武鉄道本社にほど近いレストランだった。

取引業者は、話の内容にも耳を疑ったが、伊倉の無防備さにも呆れた。「総務屋」としてうまく総会屋を封じ込めたという自慢にも似た感情が、伊倉の脇を甘くさせたのかもしれない。

伊倉は、その前年の二〇〇〇年十二月に芳賀らに西武鉄道の単位株（一千株）を買い付けられたこと、その対応として同社保有の土地を芳賀が顧問を務める植松不動産に実勢価格以下で廉売するカラクリで儲けさせたことなどを、取引業者に対してこと細かに解説してみせたのだ。

いったいなぜ、たった一千株を買われただけでこれだけの便宜を図るのだろうか。「買い付け」とその「対応」には大きな断絶がある。だが、西武の闇の歴史の〝深さ〟を薄々とは知るこの業者は、あえて伊倉にこの点を問うことはなかった。ビールを飲みながらのおしゃべりが、後に自らの首を絞めることになるとは、おそらく伊倉自身も想像だにしなかっただろう。

このやりとりが二年を経て、私の耳に入り、産経新聞の宇田川に通じたのだ。

宇田川にとっては管轄外の取材だが、水戸から何度も上京し、私とともに精力的な取材をつづけた。結果、〇三年七月には土地取引の手口が徐々に明らかになりつつあった。しかし同時にこの段階で取材は行き詰まりを見せていた。「ブツがない」のだ。土地取引を偽装した利益供与は間違いないとして、その取引の帳簿や金額などが記された物証がなければ、警察に先んじて報道してもリスクが大きい。万が一、警察の捜査が追従してこなければ記事は孤立し、勇み足の誤報とさえ言われかねない。

事件の全体図を書き記した「取材チャート」には決定的なものが欠けていた。取引の金額である。果たして最終的にどれだけの額が芳賀に渡ったのか。これだけは内部の帳簿や銀行口座の金の動きをつかまなければどうにもならない。事件のポイントは土地の廉売で利益を生み出すという「土地取引の偽装」である。警視庁の歴史においても、総会屋への利益供与事件で土地取引を偽装したものの摘発は先例がなかった。

取材といってもつきつめれば一民間活動に過ぎない。警察のような捜査権があるわけではない。たった二人で内偵を続けるのには限界が見えていた。人手が欲しい。

しかし、物証も足らず、あまりに相手が大きすぎるためか、「週刊新潮」の企画会議で提案しても失笑を買っただけだった。

「うち（週刊新潮）は案の定だめだね、動かないよ」

気落ちした私の声を受けて、宇田川は決断した。

「よし、じゃあいよいよサツ官に振るか」

取材は肝心の土地取引の金額を押さえられずに行き詰まった。芳賀や関係する不動産業者の銀行の取引口座を洗えば〝一発〟だが、その一発こそは捜査権を持った警察だけに許されるものである。

このままでは事件はお蔵入りする。これだけ手の込んだ悪質な利益供与事件が闇のなかに消えていくのはなんとしても防がなくてはならない。だが、警察に振れば、摘発直前で独占的にスクープを抜くことは難しくなる。捜査態勢が本格化した段階で、事件に強い読売新聞や朝日新聞に警察サイドから情報が洩れ、必ず競ってくるからだ。

「産経のスクープで」いければ嬉しかったが、そんなことを期待している状況ではなかった。利益供与事件の時効は多くが三年である。西武鉄道が芳賀に利益供与したのは〇一年のこと。時効まですでに半年を切っていた――。

宇田川は、二・四担時代から付き合いのある警視庁の捜査員に水戸から電話をかけた。内容を聞いた捜査員は仰天した。「ぜひ、やりたい」。それから約一カ月後、宇田川は〝桜田門〟から嬉しい報告を受ける。

「どうも話は本当だな。口座にその痕跡がある」

そして、捜査員はつづけた。

「ぜひ、その業者から直接に話を聞きたい。紹介して欲しい」

業者とは、所沢のレストランで伊倉から直接、土地取引の話を聞かされた人物である。この人物こそ、私が宇田川に「一次ソース」だと告げた事件の全貌を知る男だった。

捜査員接触

〇三年十一月下旬の火曜日、産経新聞水戸支局の宇田川尊志は特急「スーパーひたち」に乗り、上野駅へと向かっていた。曇天のなか時折小雨が混じるあいにくの天候だったが、胸ははやっていた。午後五時半の待ち合わせに遅れてはならない。半年以上も前から仕込んでいたネタの命運を決する日がやってきたのだ。

そのころ私は神楽坂でタクシーを拾い、ホテルオークラへ向かっていた。間に合ってよかった、と思った。毎週火曜日は「週刊新潮」の校了日で、夜にはおおよそ時間にメドがつく。しかし、校了日でも地方出張などで帰京が深夜にずれ込むことも少なくなかった。本来なら編集部が休みの水曜日か木曜日にセッティングしたかったが、一刻も早く事態を進展させせなければならなかった。

連れてくる捜査員は宇田川に任せてある。その宇田川にはすでに夏に一度、ネタ元は紹介してあった。捜査員も乗り気だという。うまくいけばいい、そう願った。ただ、宇田川が抱いているのと同じ不安があったのも事実である。

警視庁が食いつけば、そこから先は当局の捜査となる。こちらの取材からは手を離れたところでもうひとつの軸が動き出す。当然だが、捜査は取材の補助のためにあるわけではない。その事案の社会性、悪質性に鑑《かんが》みて警察が独自にその摘発を判断するものだ。ネタ元を警視庁につないだ段階で、ネタ元からこちら側との接触を切られてしまう可能性もある。当局にネタをつなぐことが取材のプラスになるという保証はまったくない。

一方、警察はどのようなソースからであれ、立件するにふさわしい情報を探ろうとする。相手がマスコミであっても例外ではない。だが、情報提供の見返りに特定のメディアに「独占スクープ」を提供することは、捜査員としての守秘義務に抵触する。ネタ元を捜査員に紹介するということは、それ以後、この取材ソースとの関係を当局に主導されてしまいかねない危険がある。

しかし、私と宇田川は腹を決めていた。「たとえスクープを取れなくてもこの事件を公にする……」土地取引を装った前代未聞の利益供与は悪質であり、かつ西武鉄道という東証一部上場企業にとって許されざる反社会的行為であることは間違いない。取材も壁に突き当たっている。いずれにしてもこの段階で状況を打開できるのは捜査権の力以外になかった。

私もまた、警視庁捜査員との接触に、期待とともに不安を募らせていた――。

日本交通の黒い車体が車寄せに滑り込んだとき、ロビーには宇田川と、そしてもう一人、胸板の厚く、そして細い目を鋭く光らせる男がいた。髪はまるでヘルメットのようにスプレーで固められ、乱れなく短い毛足が左右に割られ、額から頭頂まで一本の白い地肌を覗かせていた。天地の分け目を見せんばかりのその髪形に、警視庁組織犯罪対策三課の捜査員の、一本気な精神を感じ取ることができた。

この捜査員は後に、西武鉄道利益供与事件で警察庁長官賞の栄誉に輝く。組織改編され、捜査四課がより専門的に細分化された犯罪摘発を狙い、二つの組織犯罪対策課に分割されてから初めての功績となった。

宇田川に初対面の捜査員を紹介され、男を待った。ほどなく到着した男と合流し、四人は別館ロビーのメインバーである「ハイランダー」に入った。

東向きに面した「ハイランダー」の天井まであるガラスの向こうには、森ビルの愛宕《あたご》グリーンヒルズがそびえている。男はざっと見回すと、入り口脇の壁際のテーブルを選んだ。二面が壁なので、比較的人目に付きにくい位置だ。丸いテーブルに朱色のソファーが重みを感じさせる。男と捜査員を壁際のソファーにうながし、宇田川と私が椅子を取った。捜査員の正面に宇田川が、男の正面に私が座った。ちょうどほかの客からは男と捜査員が見えにくくなる配置になるように配慮した。

男と捜査員は形ばかりの名刺交換を済ますと、男の「とりあえず乾杯しましょう」という声にうながされて飲み物を頼んだ。

男はゆったりと構えている。捜査員と初めて顔を合わせる緊張感は感じられない。男の来歴を知る宇田川と私はそれを驚くでもなく、どう展開するのかという面持ちで眺めていた。

捜査員は、自分がこれまでに担当してきた右翼関係者の話を始めた。彼もまた、この男の捜査員を前にしての悠々とした態度に驚いたのだろうか。組対の捜査員は背広さえ着ていなければ、まかり間違えばその筋の者とさえ見まがう容貌の者が多い。体から発散する雰囲気にドスが利いているのである。柔道で鍛え上げられた逆三角形の体軀《たいく》は、背広の襟を左右に押し分け、白いワイシャツの首元をキュッと締め上げた緩みないネクタイは、まるでコブラが鎌首をもたげるように背広の間から迫《せ》り出している。

捜査員はなぜか、右翼関係者の名前を次々に繰り出した。捜査員もまた、男が、西武にとってただの取引業者ではないことを知っているのだろう。六十五を過ぎた男にとって、西武との付き合いは長い。すでに四十年近くになる。取引業者といってもその縁の深さは、西武にとって「身内」ともとれた。

総会屋からの株付けを伊倉が思わず洩らしてしまうほど、西武が気を許す存在でもあったのだろう。

それにしても、古い右翼の名前を出す。それはある段階まで、捜査員が単なる自己紹介のつもりで、自分が関係してきた昔話を開陳しているかのように思えた。男はそれを、ワイン片手に聞いている。赤ワインに氷を入れるのが、男の好きな飲み方である。「ハイランダー」では男が赤ワインを注文すると、聞くまでもなく氷を入れたグラスワインを出してくる。

男は赤ワインに浮かべた濁りのない単結晶の氷山のような氷を指で回しながら、捜査員の右翼談義に耳を傾けている。

戦後右翼の戦闘史を、笑うことのない捜査員が淡々と繰り出すだけで、それは不気味な響きを増した。

宇田川に視線をやれば、飄々《ひょうひょう》とした表情でつまみのポテトチップスをかじっている。その時、男がワイングラスを回しながら、おもむろに口を開いた。

「知ってるよ」

「知ってる？　知ってますか？」

捜査員はよほど驚いたのだろう。思わず二度聞き返している。

それまでの捜査員の話をおおよそ理解し、そのうち何人かの名前を出して、「自分も知っている」と言ったのだった。宇田川はそこで、「いやー、そっち方面もお詳しいのですか」と間を取り持つ相槌を打った。

しかし次の瞬間、捜査員の態度が一変した。初めて目つきに鋭い感情が走った。捜査員は左肩をぐっと寄せ、男ににじりよった。

それまでの趣旨不明な右翼談義は、すべて男との距離感を見極め、男の懐に飛び込むための〝馴らし〟であった。捜査員の手元の水割りは、びっしりと細かい汗が噴き出している。その汗に乱れた痕はなかった。水割りに一口さえも口をつけていなかった。

「相手が堤でも必ずやります。話していただけませんか」

男は二年前、西武鉄道の常務取締役だった伊倉誠一（その後、専務に昇格）から直接に話を聞かされた本人だ。口は重い。だが、捜査員は勝負とばかりに畳み掛けた。

「鎌倉以外に横須賀についても聞いてますね」

警視庁組対三課が捜査に着手した瞬間だった。時効の足音は刻一刻と迫っていた。

男はワイングラス片手に、捜査員の問いかけに肯《うなず》いた。

「聞いてるよ」

だが、それ以上、聞かれたこと以外は話そうとしなかった。徹底していた。

どんなかたちで自分が捜査の余波を被《かぶ》るかもしれない。男は捜査員の前で、そんな警戒感を滲《にじ》ませていた。

すでに捜査員の頭には大半の事実関係は記憶されている。それを一点一点確かめるように男に当て、男は深く肯いていく。男は、捜査員が話す内容にコンマ一を足した程度を答える。

男は決して饒舌《じょうぜつ》には口を開かなかった。

男の正体

男が戦後史の裏にも明るいのは当然だった。捜査員を前にしても堂々たる捌《さば》きを見せるこの男こそはほかでもない、堤康次郎の側近ナンバーワンであり、西武の大番頭と呼ばれた中嶋忠三郎の息子、康雄だったのだ。

西武グループ草創期のきわどい仕事の多くを収めてきた辣腕弁護士、中嶋忠三郎の息子である。「表」だけでなく「裏」に至るまで、西武の人脈は熟知していた。

その康雄は、一旦は西武グループに身を置いたものの、独立し、建設会社経営の道を歩いていた。私との出会いはささいなきっかけからだった。

「西武グループの中核会社、コクドに裁判を起こしている人間がいる」そう聞きつけた私は、東京地裁に出向いた。

裁判所では、直接の利害関係者以外の第三者への裁判資料の閲覧にはさまざまな制限が課せられている。コピーはもちろんメモさえも取れず、閲覧室の資料を前に、一ページをめくるごとにいく度となく廊下に出た。取材を開始するのに必要な最低限の事項を覚え、廊下で手帳を出して、急ぎペンを走らせるのだ。

忘れまいとするものほど、手帳を広げた瞬間に頭から飛んでいることもたびたびだった。酒が入らないと、とたんに記憶が悪くなる。

そうして、康雄に辿り着いたのだ。

私が初めて康雄と会ったのは、二〇〇三年二月のこと。東京はまだ寒い季節だった。JR五反田駅から徒歩で十分ほどの池田山の高級住宅街に康雄の家はあった。隣の路地には首相の仮公邸があり、その先には美智子皇后の生家である正田邸が残っていた。正田邸の前は、財務省による取り壊し決定に対する反対運動で賑わっていた。

そこから数ブロック離れた康雄の自宅に主が戻ったのは、夜の十一時近くだった。運転手付きの車の後部座席から降りた康雄は当初、警戒感を露《あらわ》にした。

康雄「本気で取材する気があるのか」

私「もちろんです」

深夜の路上でそんなやりとりを繰り返した。

〇二年三月、康雄は東京地裁に「株主権存在確認」を求めて民事訴訟を起していた。相手は西武グループの中核会社であり、オーナーの堤家の〝本丸〟コクドである。詳しくは第五章で触れるが、この裁判はその後、二年を経て最高裁への上告が棄却となり、〇四年春に康雄の敗訴が確定する。

康雄は法廷で、「コクドが印鑑、書類、署名を偽造したうえで、株券の名義人である社員自身が知らないまま〝自由自在〟に株の取引処理を行っている」と訴えた。「株主権存在確認」とはいうものの、その内容は、コクドが株券の横領を行っていると主張している に等しかった。この訴訟は後に、コクドを中核とする西武グループの根幹を揺るがしかねない「借名株」の解明へとつながっていく。実はこの借名株こそが、堤家による永代の企業支配を可能にした基本スキーム（構造）でもあった。

だが、私も、当の康雄自身も、この時点ではその闇の深さに気づいてはいなかった。

私のコクド・西武グループに対する取材は、悪事の暴露というよりも、無名ともいえる康雄の父、中嶋忠三郎の〝悲しみ〟を拾う旅として始まった。それについては次章で詳述する。

いずれにしても、当初の私の狙いは利益供与事件ではなく、コクド・西武グループの知られざる経営実態の解明、とりわけ「国友会」と呼ばれる社員持ち株会の究明にあった。コクドを提訴した康雄は、国友会を舞台に不透明な株売買や配当金の支払い処理が行われていたと指摘する。

「親父は、国友会の存在については生前、俺にさえ何も言わなかった。ただ、親父が死ぬ一年前の九七年九月四日の親父の誕生日にこう言ったんだ。『おいヤスさん、コクドの株があるが、すぐカネになると思うなよ』って。親父としては心底愛した西武の株を簡単に売ってしまうことがないようにと、さりげなく諭したんだな」

株管理に対する取材を察知したコクドの対応は迅速だった。

〇三年暮れ、当初、それはコクド側の反応と顔色を見るためだけの八方やぶれの一投だった。会う口実を見つけて、総会屋への利益供与に関する反応を見るカモフラージュの取材でもあった。いわば観測気球として送った一言に、コクドは微妙な反応を見せた。

「国友会についておうかがいしたい……」

広報室長の下田恒男は、

「わかりました。調整してすぐにお会いしましょう。日時を決めてご連絡します」

そう答えて電話を切った。

しかし、下田からの連絡は一週間が過ぎてもこない。

他の取材に手一杯で、下田から返事がこないことなどもう忘れようとしていたころだった。編集部の廊下ですれ違った上司が突然、私を呼び止め、こう言ったのだ。

「ああー、そういえばコクドの国友会だけどね。そんなことはないと思うよー」

上司の存在を示させることで部下の取材に歯止めをかけようとするコクドの姿勢は、その瞬間、私の確信を深めさせた。

取材者側の事実誤認を率直に事実誤認と説明できないことこそ、コクドがやましさを認めている証拠だ。

下田の対応は、そう思わせるに十分だった。

上意下達の徹底した、体育会系の企業体質といわれる西武グループのあからさまな反応だ。

「昔はやっていたかもしれないけどねー。今はもうそんなことはないと思うよー」

取材圧力ともとられかねないコメントを残しながら、目の前を去った上司の言葉は、私に組織を離れてさえ追及しなくてはならないという意地を生み出した。「上が語れば、下は従う」。いかにもコクドの考えそうなことだ、と思った。

コクド広報室のやり方は、記者の果て知れぬ執念を生んだだけだった。あのとき下田が自ら約束したとおり面談し、適当な方便でうまく私をだましていれば、私の取材意欲はとっくに失せてしまっていたかもしれない。

広報担当者が与える心証形成の影響力はときに決定的だ。

だがすでに、総会屋への利益供与事件に対する警視庁の捜査はさらに進展していた。

事件関係者の詳細とカネのやりとりなどが記された「捜査チャート」は概《おおむ》ね完成し、芳賀の側にいた不動産ブローカーらは警視庁の任意での聴き取りに対して恭順の姿勢を示していた。

利益供与事件立件へ

　捜査員はホテルオークラの「ハイランダー」で康雄から得た情報と自ら調査した情報とのすり合わせを終え、摘発に向けた確信をさらに深めていた。二〇〇三年十二月中旬、銀座の蕎麦屋で、捜査員と康雄の二回目の接触が持たれた。

　同席した産経新聞の宇田川が小用に席を立ったその隙を見て、捜査員は畳の上で体を滑らせて、康雄に膝を詰めた。康雄は捜査員の質問には答えるが、多くを語ろうとはしなかった。

　齢《よわい》六十六の長い経験から、十ほども歳の離れた捜査員に対して一度や二度の面会ですぐに胸襟《きょうきん》を開いてみせるわけにはいかなかった。捜査員の友人も少なくなかった。康雄は「ハイランダー」の時と同じように、尋ねられれば肯くが、自ら口を開こうとはしない。

　相手は強大な政治力を持った西武グループだ。堤義明ならば事件のひとつやふたつ、握りつぶすことも造作ない。その結果、警察に協力したことにより自分だけが恨みを買って終わっても割に合わない。

　康雄のそんな思いを見透かしたように、捜査員はテーブルの端をつかむや、ガッと体を一気に寄せた。

「もうサイは投げられたんです。あなたのことは守ります。ですから、覚悟を決めてきちんと話していただきたい。調書を取らせていただけませんか」

その気迫に、さすがの康雄も気圧《けお》されたようだった。
○三年十二月二十九日、正月を控え、すでに多くの企業は仕事納めを終え、休みに入っていた。環状八号線を脇に入った東京・練馬区高野台もすでに正月を迎えたような静かさだった。
西武鉄道専務取締役の伊倉誠一の自宅前では、女の子とその父親らしき二人がボールで遊んでいる。脇を抜け、伊倉家のチャイムを鳴らそうとすると、女の子の父親が私に声をかけてきた。

「どちらさまですか」

「伊倉誠一さんをお訪ねしたんですけど……」

「お約束ですか?」

「いえ」

誠一さん、という言葉に反応したのか、「おじいちゃーん」と言って女の子が、家の中に駆け込んでいった。

名刺を受け取ったのは伊倉の息子だったのだろう。「週刊新潮」の名刺に何を察したのか、息子は「今、留守です」と短く言って家に入ろうとした。

「『芳賀竜臥さんへの利益供与について、おうかがいしたいんですが』とお伝えください」

返事をせずに玄関を閉めたその家からはその後、誰も出ては来なかった。

二〇〇四年一月の正月明けから、捜査員は東京・池袋にある康雄の事務所にまでたびたび顔を出し、調書を取らせてくれと頼み込んでいた。事務所には高さ三十センチほどの堤康次郎の小さな銅像が置かれている。康次郎が衆議院議長に就任した一九五三年、四体だけを製作したものだという。

義明と清二が一体ずつ、そして康次郎の娘婿であり西武鉄道の社長も務めた小島正治郎と、康雄の父、中嶋忠三郎が一体ずつ与えられたものだった。康次郎の側近であることの象徴とも言えるその銅像が見つめる部屋で、西武帝国に司直の楔《くさび》を打ち込むまさにその瞬間に向けた詰めの説得が行われていた。

「警視庁は必ず立件する」。康雄の確信は深まった。

当初から想定はしていたが、駆け込み捜査が時効の壁を破ることができるかどうかが大きな気がかりだった。大掛かりな経済犯罪の場合、捜査期間は平均でも半年を優に超える。

康雄に引き合わせた捜査員は信用できた。

警視庁内部でも、経済や企業犯罪を扱う「二課のような、数字に目が利く男」との評判だ。

「経済犯罪になる。経済や企業取材のプロが必要だ。西武の株管理の問題も、活字にできるチャンスがくるかもしれない」

一月下旬、私は世田谷区二子玉川の日産多摩川病院に入院していた「週刊東洋経済」副編集長の山崎豪敏の病室に押しかけた。面会時間外の早朝だった。山崎は突発的な肺気胸を患い、肺に管を刺していた。車輪をつけた携行の呼吸器を脇にした身体を押して打ち合わせに応じた。

事件がはじけても宇田川は水戸だ。智力を結集しなければならない。経済記者である山崎の視点と助言が取材展開に必要だった。

二月上旬、警視庁は関係者の調書類なども揃えていた。立件可能かどうか、あとは警視庁上層部と東京地検との折衝を待つだけの段階まで来た。現場の捜査員からは「相手は西武鉄道だけではない。コクドもターゲットだ。政治介入があることも当然予想される」との気負いも聞こえた。

捜査員はもう二カ月も自宅に帰っていなかった。内偵の拠点となった池袋署のそばのカプセルホテルでの寝泊まりは五十を過ぎた身体にはきつくもあった。週末ごとに妻がワイシャツや下着などの着替えを持って池袋まで通っていた。

時効はさらに迫ってくる。巨大な西武グループの前に、ときに時間さえもが敵となり大きなプレッシャーとなった。警視庁の目を甘く見るな。眼光はさらに鋭さを増していた。執念こそが捜査員を支えていた。

産経新聞の宇田川は、水戸から捜査員に継続して電話を入れていた。逮捕着手日を探る定点観測だった。

「携帯電話に出なくなった。来るぞ！」

逮捕着手日など、捜査情報を漏洩《ろうえい》できない捜査員は事件が山場を迎えると携帯電話に出なくなることが多い。電話に出れば、メディアに動向を探られてしまう。だが裏を返せば、「電話に出ない」という行為が、事件記者の経験則として「山場が近い」というメッセージにも取れる。

着手日を探ろうとする新聞各社の取材攻勢は、激しさを増していた。その裏で、事件を担当する組対三課の課長は「絶対にどこの社にも抜かせない」と、捜査員の保秘徹底に檄《げき》を飛ばしていた。

宇田川の予測は当たった。捜査員が電話に出なくなったその数日後、「西武鉄道利益供与事件」は司直介入の幕を開けた。

二〇〇四年三月一日早朝、東京・練馬区高野台の伊倉誠一の自宅の戸を叩いたのは、ほかならぬバー「ハイランダー」で康雄から事件の端緒を得た捜査員だった。

西武グループが開発した新興住宅地の袋小路の一角に伊倉の自宅はある。一部上場企業の役員とはいいながら、西武グループの役員の多くは西武線沿線の西武建設や西武不動産販売の手によって造成された住宅地に暮らしている。質素である。

周りの家で捜査員の訪れに気づいた者はいなかった。袋小路を出て、線路沿いの大きな道路に出る手前に、数台の車が止まっていた。警察車両ではない。産経新聞のカメラマンの車だった。

土地取引の偽装

捜査本部の置かれた警視庁池袋署に連行された西武鉄道専務取締役の伊倉誠一は、その数時間後に逮捕状を執行された。容疑は商法違反。総会屋・芳賀竜臥への利益供与を図った主犯としての逮捕だった。伊倉は当初、容疑を否認していたものの、逮捕状を見せられると観念したのか、ほどなく犯意を認め自供を始めた。

伊倉は一九六一年に早稲田大学法学部を卒業して西武鉄道に入社、総務部長を経て、九二年に役員に就任した。ベテランの「総務屋」として同社を支えつづけてきた。

芳賀竜臥に話を持ちかけたのは、二人の不動産ブローカー、TとUだった。土地転売による利益捻出のスキームを思いつき、芳賀に横浜市の植松不動産を紹介したのがTである。最終的にTはこの儲け話で一千万円を懐に入れ、Uにも数百万円が渡っている。

警視庁の駆け込み捜査が実った背景には、この二人が早い段階で捜査協力に応じたという幸運もあった。TとUがあっけなく口を割ったことで、土地転売による利益発生の仕組みが詳《つまび》らかになり、捜査の見通しが確かなものとなった。最終的にこの二人は「総会屋ではない」（捜査関係者）との理由から、逮捕は免れている。

芳賀は、もともと秘書を通じて知り合いだったTの〝提案〟を受けて単位株である一千株を取得し、二〇〇〇年十二月に西武鉄道に接触した。このとき応対したのが、総務部長の伊倉誠一だった。この時点で堤義明は西武鉄道の会長職にあった。

芳賀は西武鉄道への株付けとほぼ同時期の二〇〇〇年十二月に利益供与のクッションとなる植松不動産と顧問契約を結び、かたち上の顧問に納まった。

西武鉄道は、翌年六月の総会を無事に乗り切るべく、子会社である西武不動産販売を噛ませ、芳賀への利益供与を行ったのだ。西武不動産販売は〇一年一月、西武鉄道が所有する神奈川県鎌倉市内の二つの物件を合計八千二百万円で植松不動産に売却する。植松不動産はこの物件を別の不動産会社に一億二千万円で売却して収益を上げた。

さらに懲りない西武鉄道は、やはり西武不動産販売を使って総会直前の同年五月にも同様の手法で土地売却を行った。植松不動産は同じく横須賀市の物件をおよそ三千万円で西武不動産販売から購入し、茨城県の個人に八千万円で売却している。ざっと五千万円の利益を転売によって生み出す錬金術だった。

まるで絵画取引のような話である。右から左に流すだけの転売によって倍々の利益を生んでいく。

だが、日本では絵画を使った刑事事件の摘発は過去、例がない。その理由のひとつには日本の捜査当局が絵画取引の流通システムや取引実態に疎《うと》く、目が利かないためだともいわれる。同時に、絵画は実勢価格の把捉と確定が困難で、価値流動性の高い絵画などは「売り値」と「買い値」が完全な任意取引で決められるため、利益供与や斡旋《あっせん》収賄などの刑事訴追になじまないのだ。

これまで土地取引を偽装した利益供与事件が摘発された例がなかったのも、絵画同様、土地売買は、民事の商取引の色彩が強いことが影響していたのだろう。土地や絵画の「価値」の認定は、個人の任意性の範疇《はんちゅう》にあることも確かである。

だが、そうであるがゆえに刑事訴追から逃れるべく手の込んだ利益供与取引を偽装した西武鉄道の社会的責任は大きい。警視庁の捜査員たちもそこに執念を見せたのである。〇一年一月と五月の二回にわたる取引でおよそ八千八百万円もの収益を上げた植松不動産は、この中から不動産ブローカーのTとUにおよそ一千万円強を支払い、芳賀への「顧問料」もここから捻出した。芳賀にしてみれば正当な顧問料報酬を懐に入れたつもりであっただろうが、警視庁ではこの顧問就任自体を偽装工作の一環とにらみ、その悪質性に静かな怒りを燃やした。

だが、伊倉をはじめ子会社社員を含めて六人の逮捕者を出した西武鉄道に反省はなかった。戸田博之社長（当時）は伊倉らの逮捕当日に行われた記者会見でこう言ってのけた。土地取引を偽装した利益供与は「通常の取引である」と。戸田は自身の社長辞任を表明することなく、会長の堤義明の進退についても明言を避けた。

この戸田の会見の様子と発言は、警視庁上層部の神経を逆撫《さかな》でした。「伊倉をしぼって戸田まで行け」。会長の堤義明の決裁なくして一銭一円の処理さえできないのがコクド・西武グループだといわれる。上の者が知らずして下の者が裁量で億単位の取引を行う余地はない。警視庁と西武グループとの戦いは第二幕に突入しようとしていた。西武・堤の驕《おご》りがなおも覇権を保つのか、警視庁の意地が勝《まさ》るのか、予断を許さない緊迫した状況が続いていた。

堤義明の会長辞任

「西武鉄道については、戸田に任せきりにしていた。上場企業の会長である以上、もっとチェックしなければならなかった」

かつてアメリカの雑誌「フォーブス」の億万長者ランキングで世界トップの座を飾った堤義明がカメラの放列を前に頭を垂《た》れた。

二〇〇四年四月十四日正午、義明は西武鉄道会長職の辞任を発表した。三月一日に総会屋、芳賀竜臥への利益供与で伊倉誠一専務ら同社関係者六人が逮捕されてから一カ月半が経とうとしていた。最高責任者の遅すぎるケジメだった。五月生まれの義明は、翌月、七十歳の誕生日を迎えようとしていた。

西武鉄道側は当初、社長の戸田でさえ芳賀との取引を「通常の土地取引」と主張し、伊倉らの逮捕から二十日も過ぎた三月二十二日に、社長の戸田の減給二〇%、そして伊倉の降格といった社内処分を発表し、世間の批判をやり過ごす姿勢を見せていた。

その間も西武グループのオーナーであり、西武鉄道会長の義明はまったくの音無しの構えを貫いていた。そうしたコクド・西武側の態度は警視庁の捜査陣を頑《かたく》なにさせた。

「これだけ逮捕者を出しているにもかかわらず、経営陣が誰も辞任しないというのは企業として異例だ」

そんな反発とも叱責とも取れる声が捜査関係者からも洩れはじめていた。

こうした声が埼玉県所沢の西武鉄道本社に伝わったのかどうかはわからないが、義明の会長辞任に先立つ四月八日、戸田は自身の取締役への降格と、小柳皓正専務の社長昇格、さらに伊倉など逮捕された三人の取締役の退任を発表する。戸田が社長を辞任することで会長の義明を守ろうとした思惑も感じられた。

だが、その翌日、思いもかけない事態が起こる。

警視庁組織犯罪対策三課は伊倉らを再逮捕すると同時に、同日、西武鉄道本社に二度目の家宅捜索を行ったのだ。社長交代で対外的なみそぎを済ませたと考えていた西武側にとって、警視庁の覇気をまざまざと見せつけられるかたちとなった。

実は警視庁は当初、「今回の総会屋への利益供与は三回分を立件する」ことを視野に入れていた。〇一年六月の株主総会前である一月と五月の土地取引に加えて、総会後の同年十月の取引についても利益供与の容疑で立件する方針だったのだ。四月九日の伊倉の再逮捕は、この十月取引分で約九千九百万円の利益を供与した容疑が対象だった。この再逮捕で、メディアはこぞって経営トップである義明の責任を厳しく指弾する論調を強めていった。

実は、そのころの義明の動向について捜査関係者の間に、ある話が伝わっている。再現すると次のようになる。

二〇〇四年四月上旬、東京都内某所で、義明は警視庁の幹部と東京地検の検事を前にしていた。

三月一日には専務取締役の伊倉誠一ら西武鉄道の幹部らが逮捕され、総会屋への利益供与事件は大型事件として新聞記者らの取材意欲を掻《か》き立てていた。

そんな衆人環視の下、義明はメディアの眼をうまくかいくぐっていた。西武グループにおいて「天皇」と呼ばれる義明の動静は内部の人間にさえ、ほとんど把握されていなかった。その義明が、東京地検の検事と警視庁幹部の前で頭を下げ、両手で相手の手を握ったというのである。

「申し訳ありませんでした」

それが自らも関与したという罪を認める言葉なのか、それとも社会的責任において組織の長としての形式上のものなのかは、結局、最後まで判然としなかった。

しかしその直後、四月十四日の会見でその意味するところが明らかになった。義明は西武鉄道会長を辞任したのである。それは警視庁への暗黙のメッセージ、言葉なき手打ちの姿だった。少なくとも、義明から手を握られた警視庁幹部はそう感じた。そして、警視庁はこれを了解した。五月六日に予定していた元社長の戸田博之の逮捕はその時点でなくなっていた……。

この話の真偽は定かではない。だが、ゴールデンウィークが明けた五月上旬、中嶋康雄の事務所を訪れた警視庁組対三課の捜査員は、

「申し訳ありませんでした。実は、五月六日に戸田の身柄を取る予定でした。しかし、上からゴールデンウィークに休みをとれと一斉に号令が出てしまいました。腰砕けになってしまいました」

と言って無念そうに天を仰いでみせたという。

時効ぎりぎりに迫っていた利益供与事件を執念の駆け込み捜査で実らせたという満足感はなかった。「戸田、堤のクビを取れなかった」という慙愧《ざんき》と悔恨の思いを、捜査の端緒をもたらした康雄に洩らしたのだった。

だがその裏では、利益供与事件に端を発した伏線がさまざまな思惑を孕《はら》み、思わぬ広が

りを見せていた。

新たな「告発」

四月九日の西武鉄道に対する二度目の家宅捜索を前に、警視庁や国税庁に新たな告発が寄せられていた。

西武鉄道の事実上の親会社であるコクドの社員持ち株会「国友会」をめぐる疑惑が捜査当局に持ち込まれたのだ。内部告発である。この社員持ち株会については第五章で詳述するが、「堤家の株を分散保有させ、かつ離散させない」仕組みとして、中嶋忠三郎など一部の側近が義明への王位継承前に発案したものだといわれている。

この「告発」が当局に届いた背景には、西武鉄道前社長の戸田博之とプリンスホテル社長の山口弘毅《ひろよし》を軸とするコクド内部の主導権争いがあったといわれる。義明を守ろうとした戸田以下、引責辞任した役員のなかに、社内処分を不服として当局に情報をもたらした人物がいるというのである。

当時、多くの新聞記事が溢れるなか、「週刊東洋経済」（〇四年四月二十四日号）に私が寄稿した〈追い詰められた堤会長〉という小さな記事の数行が、コクド社長（当時）の三上豊の目に触れた。

〈しかし、「株主とされた社員には保有の事実が知らされず、配当金も渡っていない」(コクド幹部)との証言がある。中核会社でこんな疑惑が浮上すれば、グループの信用は決定的に失墜する。〉

社員持ち株会「国友会」について指摘したくだりである。

このくだりに目をとめた日本経済新聞の記者は、この記事を持って西武線沿線の三上の自宅を訪れ、真偽を確かめた。

「こんなことが書かれてますが、本当ですかね?」

日経の記者も半信半疑で、具体的な答えなど期待せずに投げた質問だった。三上は一笑に付すだろうと踏んでいた。だが、反応は意外なものだった。

記事にひと通り目を通した三上は呟くようにこういった。

「……本当だよ。ここをつつかれたら大変なことになる」

だが、十月十三日に堤義明が新高輪プリンスホテルで借名株の責任を取ってコクドを含む西武グループの全役職を辞任すると発表するその瞬間まで、このエピソードは封印されることになる。

これは初めて明かすことだが、「週刊東洋経済」の記事は、プリンスホテル関係者、そして義明と異母兄弟の清二がかつて率いたセゾングループからもたらされた有力な情報に基づいて書かれてある。

いったいどこから情報が洩れているのか、「週刊東洋経済」の記事はどこがソースなのか、とコクド社長の三上は訝っただろう。それが西武グループにとって身内であって身内でない、かつて袂《たもと》を分かったセゾングループの内部からもたらされた情報を基にしていたことは今この瞬間まで、コクドや西武鉄道は知らない。

さらにそのころ、財界周辺ではもうひとつのきな臭い話が広まっていた。

プリンスホテルの山口が巻き返しに出るらしい——。

山口とはプリンスホテル社長の山口弘毅のことである。プリンスホテルを所有するコクドの取締役も兼ねている。この山口が戸田の完全失脚を狙い、西武鉄道の後任人事をめぐって主導権を発揮すべく画策している。こんな話がまことしやかに囁かれていた。

オーナーである堤義明の号令一下でしか動きが取れないと見られているコクド・西武グループだが、その指揮系統の確実さと、そこに蠢《うごめ》く人間たちの思惑は別である。義明を頂点としながらも、その下では多くの人間が自らの地位の安定と向上を願って日々の業務に取り組んでいる。頂点により近づきたいという欲求は、オーナー企業という「専制君主体制」においても、普遍のものなのである。

実際、義明自身もそうした〝欲求〟を利用しながら部下を切磋琢磨《せっさたくま》させてきた。

かつてコクドに勤めていた人間はこう話す。

「山口と戸田は入社年次こそ戸田のほうが先だったが、義明が若いころから執拗なほどに競わせてきた。コクドは先代の康次郎につづいて義明も早稲田大学出身なので、ほぼ早稲田閥が主流だ。それでご多分にもれず山口と戸田も稲門というわけだ。戸田を寵愛すれば山口を飛ばし、山口が頑張りを見せれば山口を引き寄せ、戸田を飛ばすという具合だった。社内ではこの戸田と山口の育てられ方は有名な話だったから、本人たちも意識しないはずはなかった。それで結局どちらが上かということだが、戸田が西武鉄道の社長になり、山口がプリンスホテルの社長になったとき、二人のレースには決着がついたと見られた。もちろん、プリンスホテルの社長だって世間から見ればたいしたものかもしれない。しかし、コクド内部では、やはり鉄道が中心で、公共インフラ部門のほうが扱われ方は上になる。だから、二人の出世レースは戸田に軍配が上がったと我々の間では囁かれていたわけだ」

コクド内部の序列に目を配る社員たちは、利益供与事件で失脚が予想される戸田の動向を注視していた。戸田の辞任で、山口が人事面だけでなく現場指揮でも大きく勢力を拡大するのではないか、と多くの関係者が見守っていたのだ。

実際、山口は利益供与事件の捜査着手に早くから勘づいていた節がある。実は山口が警視庁の動向に敏感なのには訳がある。

かつてイトマン事件で、東京プリンスホテルにテナントとして入居していた画廊「ピサ」が警視庁の捜査対象となったことがあったからだ。「ピサ」は堤清二が旧住友銀行頭取だった磯田一郎の娘を預かり面倒を見ていた画廊である。警視庁はプリンスホテルと「ピサ」との関係にも注目し、捜査チャートにプリンスホテルの名前が記されたこともあった。

だが、今回の利益供与事件では山口は安全な位置にいた。西武鉄道が舞台であり、プリンスホテルに火の粉が降りかかってくる心配はない。事前に警視庁の動向に勘づいていたとしてもトップの義明に注進する程度で、自らが火消しの役を命ぜられる心配もない。成り行きを見守ればいいのである。

利益供与事件直後から山口は、プリンスホテルの社長としてではなくコクドの取締役として対外折衝に乗り出してゆく。警視庁の捜査の推移を見守りながら、騒動が去った後に自らが表に立つその時機をじっとうかがっていたのかもしれない。それゆえなのか、山口は戸田の引責辞任後、ある危険な〝跳躍〟に打って出る——。

もうひとつの伏線

〇四年六月上旬、一通の「質問状」がコクド本社に届けられた。それは書簡ではなく、取材趣意書の体裁をとっていた。内容は、堤家のルーツが朝鮮半島ではないか、そして国友会の存在についてなど六項目にわたっていた。

送り主は多くの企業の総務担当者に「事件屋」として知られ、恐れられる人物だった。この動きに対してコクドはすぐに反応し、都心の高級ホテルに思わぬ人物を差し向けた。それが、プリンスホテル社長の山口弘毅だったのだ。

質問状が届いた段階では、コクドは警視庁に対して被害届などは出していなかった。しかし、警視庁の一部はすでにこの段階から山口の動きを追尾しはじめていたといわれている。

それにしても疑問なのは、山口がコクドの取締役を兼ねているとしても、なぜ総務担当役員でもない山口が登場したかである。

実は、質問状の送り主と山口とは以前から顔見知りだったのだ。警視庁はその交際の接点が、前出の「ピサ」にあると見ていた。イトマン事件での警視庁の捜査チャートでは、この「ピサ」と質問状の送り主とが太い実線で結ばれていた。

警視庁の捜査員はこの二人の関係を「腐れ縁」と見て関心を強めていた。同時に、利益供与事件が摘発されたばかりにもかかわらず、懲りることのないコクドの企業体質に強い怒りを覚えていた。

山口が当時、ある人物のもとを訪れたという話は、企業関係者の間に瞬く間に流れ、推測を交えた噂の羽は大きく広がった。

「山口は質問状の撤回の条件として絵画を購入する約束をした」

「額は一千万をくだらない」

「絵はラファエロのリトグラフだ」

「原価が百万に遠く及ばない絵を一千万以上で買う山口はどうかしている……」

噂は、山口に近い人物から洩れたことで信憑性《しんぴょうせい》の衣をまとい、警視庁はそのきな臭さにさらに嗅覚を研ぎ澄ますようになる。

「山口のマッチポンプではないのか」

そう勘繰る捜査員もいた。

自社であるコクドに外側からちょっかいをかけさせておいて、自らが火消しとして参上する。対外的に仕切れる存在感をアピールすることで、戸田失脚後の覇権拡大を狙っているのではないか。その推測が限りなく現実味を帯びるほど、山口の迅速な対応は捜査員の目についた。

当の山口自身は、その直後、自ら警視庁に駆け込んで、「恐喝されている」と訴えてみせた。被害者然とする山口に、しかし当局は冷ややかな態度で応じる。

「山口さん、今度は被害者だというわけにはいかないよ」

不信感をもって見ていた捜査当局に、山口は逆にたしなめられたというのである。そして、山口にとっても予期しない言葉が告げられる。それは、

「次はもう堤さんは免れないって地検も言ってるんですよ……」

というものだった。利益供与事件では戸田や義明の逮捕には至らなかったが、捜査当局者の言葉は、次に何かあれば、必ずトップの刑事責任を問うという姿勢を匂わせていた。

ところで、「山口が警視庁に駆け込んだ」という話は、あるルートを通じて山口が恐喝されているとした人物に通じることとなった。その人物に近い人間によれば、その人物は激怒し、「名誉毀損で山口を逆告訴する」と言い出したという。山口とこの人物とのやりとりはテープに録音してある。山口とのやりとりが決して恐喝ではないことが証明できるのだと、その人物は誇ったともいわれている。

山口が単独で警視庁を訪れたという話もあれば、義明を伴い、一度ならず複数回にわたって現れたという話もある。そして訪れた先も担当課が分かれるのである。そのなかで唯一複数の捜査関係者の話が一致する部分がある。それが、「次はトップまでやると言って

いるという地検の意向を持ち出された」というものだった。
「次」の内容については、本稿締め切り現在、まだ外部に伝わってこないが、義明と山口が頻繁に警視庁を訪れたとされる九月からそれほど遠くない十月十三日、堤義明は新高輪プリンスホテルで緊急会見を開き、コクドを含む西武グループの全役職辞任を発表したのだった。

西武鉄道で判明した借名株の責任をとったというものの、その突然の幕引きはその後、多くのメディアにとって強い好奇心を注がれる難問となった。「なぜこのタイミングで」「利益供与事件のときでさえコクドの会長職は手放さなかったのに」「なぜ西武グループのすべてから身を引くのか」。義明にいったい何が起きたのか、その謎はいまだに解けてはいない。

十月十三日の義明の経営撤退表明に行き着く一本の筋道は、三月一日の逮捕劇以後、さまざまに枝分かれしてめいめいに繁茂したようだ。一部は警察・国税当局に、一部は事件屋に、そして一部はコクド内部に伝播し、その三つは複雑な絡まりを見せながら〇四年夏の猛暑を駆けずり回っていた。利益供与事件によって礎《いしずえ》に生じた亀裂は、闇の深さを黙示し始めていた。

断罪された西武

歴史的な猛暑が東京を襲った八月十日、伊倉誠一元専務を含む西武グループの逮捕者十人に東京地裁は判決を言い渡した。伊倉には懲役一年六カ月、執行猶予三年の刑が下った。

判決は断罪している。

〈本件各利益供与の態様をみると、いずれも西武鉄道が所有する宅地等について、不動産業者に対する正規の取引を仮装し、その取引価格についても簿価をやや超える程度にするなどして総会屋の意に沿う形を取りながら、利益供与であることが発覚しにくいようにして行われたもので、計画的・巧妙かつ悪質である〉

〈また、被告人らの行為は、株主総会の運営の健全性を損ない、会社経営の公正さに対する社会的信頼も著しく失墜させたもので、株式会社制度の理念や規制をないがしろにするものというほかなく、厳しく非難されなければならない〉

〈さらに、企業と総会屋との関係断絶の気運の高まりにより平成九年に罰則を強化する商法改正がなされ、西武鉄道もそのことを十分に認識して総会屋に対し毅然とした態度で接することを決定していた。それにもかかわらず、公共的事業にも携わる西武鉄道が総会屋と関わりを持ちながら、そのような反社会的勢力の活動を助勢したのであって、本件が社会に与えた影響も大きい〉

この判決後もなお、西武鉄道がなぜ、芳賀竜臥という老齢の総会屋の意に屈したのかという疑問は残っている。平成九年の商法改正は企業側にとっては総会屋との対決で盾ともなりうるものだった。神奈川方面に強いといわれた芳賀が何を摑んだのか、本人が鬼籍に入った今、もはや真実が語られることはないだろう。

古くは東海道新幹線の新横浜駅での土地買収から、鎌倉での土地開発、そしてグループの創業者である堤康次郎が眠る鎌倉霊園の管理をめぐる問題まで、メディアの想像はさまざまに膨らんだ。

だが、その数々の闇の系譜のルーツを今回の事件と結びつけても意味はない。あえてすべての原因を一点に回帰させようとするのであれば、それはまさしくコクド・西武グループを創業した堤康次郎の誕生そのものに求められることになる。

因果は複雑であり、事実は錯綜し、それは人間においてと同様に、企業における文化を育むはずである。企業に生きる社員もまた、そうした歴史の土壌に立脚する存在であることは間違いない。判決は伊倉らの犯情の悪質性を断罪しているが、それは法効力の適用範囲の次元である。伊倉らが利益供与を決断した背景にあるその文化と歴史を読み解けば、彼らの個人的犯罪であったと結論するのは判決を読み誤っている。

判決文が訴えるものを汲《く》めば、有罪判決は公訴を提起された数人に対するものではない。

断罪がなされたのは、西武グループに対してである。伊倉ら西武鉄道はなぜ、総会屋、芳賀の利益供与要求に応じたのか。それは紛れもなく、西武グループという企業文化の「意を汲んだ」結果だった。

一円一銭、猫の額ほどの土地さえも義明の決裁なくしては売買できないといわれている西武グループ。そのトップである義明の刑事責任こそが今、問われているのだ。

第二章　「堤帝国」の闇を知る男

二〇〇四年の七回忌

二〇〇四年一月十七日、前夜からの冷え込みは夜が明けても緩《ゆる》むことはなく、未明から降りはじめた雨は朝方にいったん上がり、昼前には雪に変わった。暖冬の東京では、珍しい雪だった。そんな中、仕立てのいいコートに身を包み、東京・芝にある増上寺へと向かう男たちがいた。そのほとんどは初老という年齢をとうに過ぎた、しかし壮気を漂わせた紳士たちだった。男たちの中には、西武と縁の深い者も多かった。

それからおよそ一カ月半後に、世情を揺るがす西武鉄道による総会屋への利益供与事件の公表が警視庁の手によってなされようとは、小雪の中を足早に本堂に向かう誰もが想像していなかった。

その日、増上寺の本堂で、西武グループに半生を捧げた男の七回忌の法要が執り行われることになっていた。

男の名は、中嶋忠三郎という。一九九八年一月に九十七歳で大往生するその瞬間まで、コクド・西武グループの元顧問弁護士として、多くの秘密を守り抜いた。
法要を終え、人々は三々五々虎ノ門のホテルオークラ「曙の間」に移動した。偲《しの》ぶ会の会場では、壇上脇に大きな花輪が飾られている。贈り主は「西武鉄道会長　堤義明」。訪れた人たちはみな、忠三郎の息子である康雄がコクド・西武グループの中核会社であるコクドを相手に訴訟を起こしていることを知っていた。西武グループ草創期の大番頭とも言われた忠三郎の息子が西武を相手に戦うとは、これほど皮肉なことはない。父親が守ったものを、息子が衝《つ》くのか、と。

この法要からおよそ三カ月後の四月十四日、西武グループの二代目オーナーである堤義明は西武鉄道の会長を辞任し、半年後の十月十三日、西武グループの全役職辞任を発表することになる。

この堅固を誇った帝国のあっけない瓦解劇で重要な役割を演じたのが、他ならぬ忠三郎の息子の康雄だった。

義明の経営引退と同時に深刻な経営危機も一気に表面化した。日本全土から海外にまで君臨した〝西武帝国〟は、創業から八十四年目を迎えた二〇〇四年、その長きにわたる不動の覇権を失うことになった。

康次郎との出会い

「法等院縁譽親西辯中居士」という戒名が示すとおり、忠三郎は生前、法律家だった。

中央大学を卒業後、東京地裁判事を経て、戦中は中国に赴いた。天津領事、勅任上海総領事を務め、終戦直後の一九四六年四月、日本に帰国する。翌五月、忠三郎は駆け込むように旧知の堤康次郎のもとを訪れた。

忠三郎と康次郎との出会いは一九一八年に遡《さかのぼ》る。康次郎はまだ三十歳、一九〇〇年生まれの忠三郎は当時、中央大学付属高校の前身、目白中学校に通う学生だった。

学校は、近衛文麿の父親、篤麿の屋敷内にあった。現在のJR目白駅のそばであったという。ここから百メートルと離れていない場所に、康次郎は邸宅を構えていた。

一九二二年に康次郎はコクドの前身である箱根土地株式会社の本社を有楽町から目白のそばの下落合に移転させている。また、西武グループの化学企業だった東京ゴムも下落合に本社を構えたことがある。目白から下落合にかけての土地に、一時、西武グループは集積を図った時期があったということだろう。

箱根土地の本社を下落合に移転させると同時に、康次郎は「目白第一文化村」と称した宅地分譲を始めている。軽井沢と同時に、東京での高級住宅地開発に着手していたのだ。

学校のそばにある大邸宅の主の名前だけは知っていた忠三郎は、ある日こんな新聞記事を見つけた。

〈堤康次郎は、若いが将来有望な実業家であり、早稲田の大隈重信侯にもかわいがられているが、大変なケチである。例えば、家の門の脇に松と竹を植えている。年の暮れになると、それに標縄《しめなわ》を掛ける。それが門松というわけだ〉

そんなことが書かれたゴシップ記事から、忠三郎は康次郎に対する興味を膨らませた。そして面会の理由をつくるべく、あれこれと思索を巡らせた。その末に思いついたのが、月十円の月謝を借りるという策だった。

応対に出てきた康次郎の当時の妻、文は、学費に困っていると飛び込んできた学生を主に取り次いだのだ。その四、五日後、康次郎は意外にも快い返答をする。

実は当時、目白中学の月謝は三円程度で、忠三郎としては康次郎という人物を試すやんちゃな気持ちもあり、「十円借りたい」と吹っ掛けたのだ。しかし、そのおかげで学生生活には、参考書を買う余裕もできた。毎月二十五日になると、康次郎の屋敷に受け取りに行き、その日は一日、屋敷の庭掃除などをして奉仕した。

忠三郎は一九二〇年、無事に中学を卒業し、中央大学予備法科（現・法学部）に入学する。卒業と同時に現在の司法試験にあたる高等文官試験司法科に十番以内に入る成績で合格した。二五年に大学を卒業するまでおよそ七年間にわたり毎月十円の月謝を、康次郎からもらいつづけたのだ。

「ドケチ」と評される康次郎が初対面で何の信用もない若い男に毎月の学費十円を渡しつづけた理由はわからない。ただ、このエピソードは康次郎の原風景を象徴しているようで興味深い。

忠三郎の生まれ故郷である群馬県安中市《あんなか》は、康次郎の創業地のひとつである軽井沢とも一本の道でつながっている。

安中市内を走る国道18号線を軽井沢方向へ向かって左を見れば、山の斜面一面にパイプを使った造形美術のような工場が拡がっている。東邦亜鉛の工場だ。富山県のイタイイタイ病ほどは知られていないが、この巨大な軍事施設のような工場はその昔、公害病の原因と指摘されたこともある。この周辺が、中嶋忠三郎の生まれ出た地でもあった。

康次郎にとっての安中は、創業地軽井沢への通過点だ。かつて康次郎は早朝五時にこの安中から碓氷《うすい》峠を越えて、現在の中軽井沢駅にあてもなく降り立ったという。そんな思い出深い地方から現れた学生に、瞬間、自らの姿を重ねたのかもしれない。

あるいは、「カネが欲しい」とあてもなく飛び込んできた忠三郎が、かつて立身出世を夢見て滋賀から東京に向かった自分のように逞《たくま》しくも映ったのかもしれない。

話を終戦直後に戻そう――。

忠三郎が康次郎のもとへ馳《は》せ参じると、康次郎は開口一番、忠三郎の帰国を首を長くして待っていたことを告げ、「西武で働いてくれ」と切々と訴えたという。

誰もが、もはや将来など考えようもない敗戦直後の失意に押しつぶされようとしているときである。康次郎の言葉は頼もしく、何よりもありがたかったはずだ。この瞬間、忠三郎の残る人生のレールは康次郎のそれにガチャンと連結したのである。

このときの感激ぶりを、忠三郎は後述する著書『西武王国』にこう記している。

〈堤は私に、単刀直入に、『どうか、西武で働いてくれ』と頼んできたのである。期待される人間像ではないが、人間誰しも期待されて、嬉しからざるはずはない。私とて凡庸の身、感激で心が震えるのを覚えた〉

〈法曹の仕事に未練がなかったと言えば、ウソになる。いや、むしろ大いにあった。戦後日本の混沌たる様相をみるにつけ、社会の秩序を回復すべく、法曹界の担い手たらんという志は、私の心の中に、当然のごとく燃えたぎっていた。しかし、大恩ある人のために、これからの人生を、〝感謝と奉仕〟で生きて行こうという熱い思いが、込み上げてきたの

も、また事実であった〉

忠三郎の脳裏には、中学から大学卒業までの六年半、毎月十円という学資を、若く勢いのある実業家として伸《の》していた康次郎から援助してもらっていた「大きな借り」が強く蘇っていたに違いない。

二人が初めて出会ってから二十七年が経っていた。

忠三郎が勅任上海総領事を務めた外務省時代の俸給がおよそ一千円、それが入社したての西武では三百円だ。額面では三分の一以下という常人では嫌気がさすであろう待遇の差はしかし、その時の忠三郎にとっては大きな意味を持たなかった。

自分の残りの人生を、堤のために燃焼し尽くそうという、むしろそんな不退転の決意を、忠三郎は新たにしたのであった。西武へ入社した忠三郎は、おそらく日本初の社内弁護士として、用地買収からトラブル解決、康次郎個人の資産管理から果ては女性問題解決まで、表に裏に八面六臂《はちめんろっぴ》の大活躍をする。

だがしかし、堤康次郎はこのときまだ、忠三郎が自らの人生と事業においてどれだけ計り知れない力となるか、予想すらできなかったはずである。後に「側近ナンバーワン」とも「大番頭」とも呼ばれた中嶋忠三郎の超人的な活躍があったからこそ、康次郎は「帝国」を築くことができたのである。この再会は、その後大きく花開き、実を結ぶ——。

康次郎の息子義明が雑誌「フォーブス」で世界一の富豪と呼ばれ、個人資産三兆円とも四兆円とももてはやされるに至り、西武帝国の栄華は絶頂を極める。そこには、常に守護神のごとく寄り添ってきた中嶋忠三郎がいた。だが帝国の礎を築き、その蟻の穴ほどの綻《ほころ》びさえ身を挺して護《まも》り抜いてきた忠三郎の死をきっかけに、帝国の存立を揺るがしかねない火の手が上がりはじめることになる。

封印された回顧録

いま、私の手元に長らく〝幻の本〟とされていた中嶋忠三郎の著書『西武王国　その炎と影』（サンデー社）がある。一九九〇年に忠三郎の米寿を記念して出版された忠三郎の回顧録だ。それまでほとんど語られることのなかった西武グループの「秘話」と呼べるエピソードが全編にわたってちりばめられている貴重な書物である。私自身、本書の執筆においてかなりの部分をこの書に依存している。

もちろんこれは、暴露本の類《たぐい》ではない。忠三郎自身がその執筆動機についてこう書いている。

〈私は、今こそ、西武の全社員が先代・堤の西武王国建設の苦闘の歴史を学び、堤が〝社是〟として掲げた「感謝と奉仕」の精神を学ぶべき時であると痛感したのであった。そしてそれを伝えるのは、「僭越ながら、今や私をおいて他にない」と確信するようになった。世に、堤や西武を評した書は、優に百点を越える。しかし、堤の側近の立ち場で西武を内側から見てきた者の手になる書は、これまでになく、本書は最初であり、最後であろうと思う。

本書が、西武王国全社員に草創の精神を喚起させ、王国の明日への発展の一助になれば幸いである。そして更には、世の経営者や識者、ビジネスマン各位の事業と人生の参考になればこれに勝る喜びはない〉（『西武王国』あとがきより）

ところが発売直前に、西武側が版元のサンデー社から印刷済みの全冊を買い上げたため、二〇〇四年十二月に新装出版されるまで、世間の目に触れられずにきた。コクド・西武グループにとっては裏面のすべてを知る忠三郎の回顧録は厄介なものだったに違いない。

発刊直前、中嶋家を訪れた西武鉄道の担当者はこんなやりとりを残している。すでに刷り上がった本は堤義明と清二に贈っていた。担当者は息子の康雄にこう切り出した。

「この本はまずい。この本を読んで社長（堤義明）は中嶋さんの苦労が初めて分かったと仰っています。特別に退職金を追加で支払いたいと仰っているので、小切手を持参しました」

そういって、西武鉄道が振出人となっている小切手を仰々しく差し出した。「追加の退職金」は一億円。小切手には税金分を差し引いたのだろうか、八千万円強の金額が書き込まれていた。

記された数字の意味を悟った康雄はこう尋ねた。

「これは本を出さないでくれということですか」

担当者は顎を小さく上下に揺らした。

「中嶋さん、こういう出版物は今後も出さないでほしい。小切手の代わりと言ったら何だが、その旨一筆書いて欲しい」

この「担当者」こそ、〇四年の西武鉄道による総会屋への利益供与事件で西武鉄道社長を引責辞任する戸田博之だった。中嶋家を訪れた当時、戸田は総務部長職にあった。

康雄は西武鉄道側からの申し入れに対し、こう答えた。

「わかったよ。でもなぁ、ひとつ頼みがあるんだ。もし親父が死んだら線香の一本だけでもあげに来てくれるように義明さんに言ってくれよ」

「分かった。約束する」

忠三郎が愛してやまず、半生を捧げたからこそ残したかった回顧録である。その回顧録の出版を取りやめてくれ、というのだ。親父である忠三郎の心中は察するに余りある。だが、父親が愛した企業の意向と争っても、それもまた忠三郎に悲しい思いを抱かせるに違いなかった。

「線香の一本だけでもあげに来てほしい」。その言葉は、西武グループに尽くした者への恩義は退職金の多寡ではないというせめてもの抵抗であったのかもしれない。

それから八年後、東京・芝の増上寺で執り行われた忠三郎の通夜・葬儀に、義明の姿はなかった。

綻びの始まり

忠三郎の葬儀が営まれた増上寺は忠三郎にとっても西武グループにとってもかかわりの深い地である。

増上寺に隣接した東京プリンスホテルが建つその場所は、かつて徳川家の土地だった。戦後のＧＨＱ（連合国総司令部）統治のなか、飽くなき買収意欲で旧華族や旧宮家、旧大名の土地を次々に買い漁《あさ》っていた堤康次郎が徳川家の大きな土地に目をつけないはずはない。しかし、この土地買収は「不動産の神様」と言われた康次郎でさえ難航を余儀なくされた。

その苦労を忠三郎は『西武王国』でこう回顧している。

〈堤は徳川家、増上寺の土地買収にも乗り出したが、この買収はいくつもの難題を抱えていて大変であった。徳川家とは、あの将軍家の末裔《まつえい》のことである。世が世なら、将軍になっていたであろう。その十七代の当主といえども、終戦後は、経済面では困窮していた。財産税や富裕税の支払いにも困り、やむなく増上寺両側の土地三万坪を売りに出したのである。その買収には、西武不動産の岡野社長が当たったが、困ったことには、境界線の問題で訴訟が起こされ、私も関係した。元々、徳川家の地所と増上寺の地所の境界線が明瞭でない上に、国有地との境界もはっきりしない状態で厄介な問題であった〉

増上寺側にも、西武側との交渉窓口であった忠三郎の真摯な態度と人間性が伝わっていたようで、忠三郎の葬儀も七回忌の法要も本堂の使用が許された。

忠三郎の葬儀には、コクド・西武グループの人間が手伝いに駆けつけた。しかしそのなかに、堤義明の姿はなかった。康雄は本堂最前列の椅子に座り、焼香の続く列のなかに義明の姿を探しつづけていた。

「戸田は俺に約束した。義明を連れて必ず線香をあげに来させると。義明も人の子だ。世話になった人間の焼香ぐらいにはいくら忙しくても顔を出すだろう」

延々続いた最後の一人が焼香を終えたその時、康雄の脳裏に忠三郎が洩らしたある言葉が不意に蘇った。

「俺の名前は、どこにもないな……」

その年（一九九六年）の四月、セゾングループ史編纂《へんさん》委員会が編集協力した堤康次郎の正伝といえる『堤康次郎』が中嶋家に届けられた。「俺の名前は、どこにもない」。五百十ページにのぼるその布装の豪華な伝記を閉じた忠三郎が呟いた一言だった。何百人と登場するその伝記のどこにも、忠三郎の名は刻まれてはいなかったのだ。

悲しく響いた忠三郎のそんな言葉が、康雄の胸にいく度となく蘇ったのだ。康次郎の息子は、約束していたはずの線香もあげに来てくれなかった。

かつて父は康雄にこう語っていた。

「康雄の一字は敬愛する康次郎からとったものだ」

康雄には兄がいた。だが、忠三郎の上海駐留時代に亡くなり、康雄は中嶋家の長男となった。我が子に一字をとって与えるほどに、忠三郎は堤康次郎を敬っていた。

「私の第二の人生は、西武に捧げたといっても過言ではない」

そう言って死んだ男のために、線香の一本を求めることが決して過大な期待であろうはずはない。

西武は、堤一族は、そこまで人に対して非情になれるのか――。

このエピソードは取材者である私をも発奮させた。取材上の困難にぶつかるたびに、私は忠三郎の無念を思い出しては奮起した。前章で書いた、「（私の取材は）中嶋忠三郎の〝悲しみ〟を拾う旅として始まった」というのは、そういう意味である。

私が、忠三郎の息子、康雄と知り合ったいきさつについては前章で触れたとおりだ。康雄はどんなに会う回数が増えても、けっして自ら西武の内情を暴露することはなかった。私が知っていること、調べた内容に合わせて話をする。こちらが一を知っていれば一・五までを、三を知っていれば三・五までを話すといった具合だった。

このエピソードも、そんなやりとりのなかで明かされたものだ。

康雄とコクドとの間の訴訟については第五章で詳述するが、結論を言えば二〇〇四年春に最高裁への上告が棄却され、康雄の敗訴が確定した。同じ年、西武鉄道による利益供与事件と借名株が発覚した。本章の冒頭に記した忠三郎の七回忌にも、ついに義明は姿を見せなかった。西武側による約束反故《ほご》と受け取った康雄はその年の暮れ、父親の無念を晴らさんとして忠三郎の回顧録である『西武王国　その炎と影』を新装出版した。

〝幻の本〟の復刊は、帝国の崩壊の始まりを示唆するにふさわしい出来事だった。

開けられたパンドラの箱

忠三郎の回顧録『西武王国』は、西武グループの裏面史を知る第一級の資料である。忠三郎が入社早々にかかわった「ワリコーの後始末」や、康次郎に助けを求めてきた「潰されかかった日本興業銀行」の救済にはじまり、「土地買収のテクニック」「宿命のライバル五島慶太との戦い」「小佐野賢治との確執」「堤と三人の女達」「異母兄弟の葛藤」と、側近だからこそ書ける数々の知られざるエピソードで埋められている。

国民悲願の東京オリンピック開催を翌年に控えた一九六三（昭和三十八）年の総選挙で、堤の地元後援会組織「堤会」のメンバーが、未曾有の規模で県警に買収容疑で検挙された事件などはその典型である。康次郎の〝正妻〟となった操でさえ逮捕されかねなかったこの事件では、西武グループあげての県警との一大攻防が展開された。

結局、忠三郎の必死の弁護活動が奏功したのか、操は逮捕されず、康次郎も失職することはなかった。そもそもこの大量検挙者事件の母体となった「堤会」は一九五五（昭和三十）年に発足している。康次郎が初めて総選挙に立候補したのは二四（大正十三）年、三十六歳のときであり、堤会はむしろ晩年に作られたものといえる。

事務所は滋賀県彦根市の近江鉄道の中に置かれ、六〇年十一月の総選挙で康次郎の選挙後援会として活動したが、康次郎は最下位当選という屈辱を味わった。

康次郎は一九五三年五月には衆議院議長にまで上り詰めた政界の重鎮だった。自民党顧問でもありながら最下位当選という憂き目に遭い、次回選挙となった六三年の総選挙でなりふりかまわぬ巻き返しに出たのであろう。それが四百万円強という買収工作資金をまくことになり、大量検挙事件につながったのである。

西武の創業者、堤康次郎の側近中の側近といわれた中嶋忠三郎が遺したものは回顧録『西武王国』だけではなかった。一九九八年に亡くなってしばらくすると、生前は家族さえ知らなかった忠三郎名義の貸金庫の存在が明らかになった。その数は十二にもおよび、中からは顧問弁護士でもあった忠三郎の足跡をなぞるかのように西武の歴史をひもとく数々の書類が見つかったのだ。

私がその書類の存在を聞かされたのは、むろん忠三郎の息子、康雄からだった。二〇〇三年夏の初めのことだったと記憶している。東京・日比谷の帝国ホテル中二階にある「オールドインペリアルバー」でいつものようにとりとめのない話に興じていたとき、康雄がふと思い出したようにこうささやいたのだ。

「父親の書類を整理していたら、中から東声会と西武の契約書が出てきたんだ……」

そこには児玉譽士夫の名前もあると聞かされ驚いたが、その場ではさらっと聞き流した。

興味を引かれたものほど、その場で食いつかないほうがいいこともある。

なんとかその証書の現物を手に入れたい。しかし、そのときの康雄はまだ自分の父親が愛した西武へ裁判を起こしたことに対して忸怩《じくじ》たる思いが強かった。とても口に出せる雰囲気ではない。康雄のほうから積極的に出してくれる可能性は皆無だった。

結局、康雄への説得は半年以上を費やした。上司を通じたコクドの取材圧力に対抗するため、「週刊新潮」を辞めてでも「必ず取材をやり遂げたい」と伝えたころから、私に対する康雄の態度も変わり始めた。
○四年春に自身の裁判の上告棄却が決まったことで、西武への思いが吹っ切れたということもあったのだろう。ある日、白い紙袋に証書類をまとめて入れて、私に渡してくれたのだ――。
最初に見た書類の現物は、昭和四十六（一九七一）年十月二十七日付の「金銭消費貸借ならびに抵当権設定契約証書」だった（次ページ参照）。証書には、「甲」が「乙」に対し、同年十月三十日、十一月十五日、十二月十五日の三回に分けて合計十億円を分割して貸し付けたことが記されていた。「甲」は西武不動産株式会社、「乙」は東亜相互企業株式会社である。

昭和46年10月27日

	東京都豊島区南池袋1丁目16番15号
甲	西武不動産株式会社
（債権者）	取締役社長 堤 義明
	東京都港区六本木7丁目15番30号
乙	東亜相互企業株式会社
（債務者）	取締役社長 町 井 久 之
	東京都世田谷区等々力6丁目29番20号
連帯保証人	児 玉 譽 士 夫

堤義明と闇勢力の〝ドン〟二人との関係を証明する貴重な証書

東亜相互企業の代表取締役は町井久之で、債務者である町井側の連帯保証人に児玉譽士夫が名を添えていた。

「東声会の町井」といえば、当時最大勢力を誇った経済フィクサーである。陰に陽にその影響力は日本の経済活動に広く深く浸透していた。闇勢力の〝ドン〟としても知られ、生前は警視庁が常にその動向を追っていた伝説の人物でもある。

一方、児玉が町井の顧問を務めていたことは知られており、町井の死後、東京・六本木の東亜相互企業本社跡「TSKビル」に児玉の事務所も入っていた。

町井は生前、組員一千五百人の暴力団を率いる一方、力道山らプロレスラーの後見人、日韓国交正常化の陰の立役者としても名を馳せた人物である。岸信介元首相ら、政界首脳との関係も深く、その表裏の舞台での影響力は圧倒的なものがあった。

一九六五年に警察の取り締まりを機に東声会を解散する。

その二年前に設立されたのが、「事業会社」の東亜相互企業だった。

この証書の債権者欄には西武不動産株式会社取締役社長の堤義明の名前がある。

証書によれば、十億円を堤が提供する担保となったのは、「福島県西白河郡西郷村大字小田倉馬場坂」の土地で、地目は「畑」、面積は「36467 ㎡」となっている。

登記簿謄本を確認すると、土地の所有者は東亜相互企業で、一九七一（昭和四十六）年十月二十八日付で西武不動産が十億円の抵当権を設定していた。その後、西武が東亜から所有権移転請求権の譲渡を受けている。まさにこの融資契約書の内容に沿った手続きだ。この融資契約書の信憑性を裏づけているともいえる。

封印された土地

二〇〇四年十月下旬、「週刊東洋経済」編集部の長谷川隆は、ＪＲ東京駅から東北新幹線に飛び乗った。カーナビ付きのレンタカーを借り上げ、この証書に記された住所を踏査してみようと考えたのだ。

堤義明と町井久之を結んでいる契約の舞台となった西郷村は白河市の西に位置する。最寄り中核都市である白河市の中心部までは車で約十五分、東北自動車道白河インターチェンジからも十分程度と、白河市への通勤圏としても便利な場所だ。村の人口はおよそ一万九千人で、実際、白河市のベッドタウンとしての側面が強い。

融資契約書にある場所は、登記簿上の地目は「畑」だが、現地は背丈ほどの低木やススキ、種々様々な雑草が生い茂っていて、現状は山林に近かった。かつては耕作や酪農が行われていたのかもしれないが、現在ではその痕跡をうかがうことはできない。

西郷村を縦断するのは東京から東北まで抜ける国道四号線である。この南北に走る国道に、まるで取り付け道路のように接続し、東西へとまっすぐに延びているのが村の主幹道だ。

片側一車線ながら道路幅は広く、実質二車線の広さがある。ところどころにグリーンベルトの中央分離帯があり、整備の手は比較的よく届いているようだ。

村役場によれば、この道路の周辺に広がる土地の管理は現在でも東亜相互企業が行っているという。国道から七キロほど走ると、赤い屋根のコテージ風建物が七、八棟連なる施設が現れる。自然散策やバーベキューが楽しめるのだという。管理事務所には車が停まり人影があるが、営業をしているのかしていないのか判然としないほどさびれていた。

東亜相互企業が経営する現在の施設について、村関係者の一人は、「今は何もしていないでしょ。営業していれば私たちも遊びに行ったりするかもしれないけど、やっているとは聞いていないないし」と冷ややかだ。ただ、営業していないとしても、道路の植樹は比較的よく剪定《せんてい》され、この無用の地を何の目的で管理しているのかという疑問が湧く。

義明が十億円の担保にとった農地は、この東亜相互企業の施設から距離にして数百メートルから一キロのところに広がっている。一帯をあわせて開発しようと購入したのだろう。しかし、現在は荒れた山林という表現がふさわしいほど人の手が入れられていない。「ゴミの不法投棄をするな」という看板が道路脇に立つ。連絡先は「第二自治会事務局」とあるが、なぜか電話番号は東京のものだ。東京の東亜相互企業につながっているのだろうか。この土地から一キロほどのところに農業を営む老人がいた。老人には東亜の記憶があった。

「昔、売れ売れと言ってきたなあ、わしは売らんかったけど」

昭和四十年代のことだという。

それにしても、いったいなぜ義明は町井に十億円もの金を貸し付ける必要があったのだろうか。古いコクドの関係者がこう証言する。

「児玉があるとき、町井を連れて現れ、義明と引き合わせたんです。町井の後見人をしていた児玉は、町井の事業資金を捻出するために義明に目をつけたのでしょう。むろん、義明は児玉と旧い仲ではありません。仲介したのは顧問弁護士の中嶋忠三郎だったんです」

康次郎亡き後の一九七一年当時も西武グループの役員に名を連ねていた忠三郎が、旧知の児玉と義明との仲を取り持ったとしてもなんら不思議はない。実際、忠三郎のもとには、東亜相互企業が資金繰りに困ったとき、メインバンクであった韓一銀行との二百億円に上る債権債務関係の整理を持ち込まれたこともあったという。

このとき忠三郎は、「西武としては六本木の土地についてはいっさい手を出さない」（元西武関係者）と町井側に伝えている。確かに今日、その土地登記簿からは西武が六本木にある東亜相互企業の土地に手を付けた痕跡はない。

ところで、新幹線も通っていない三十年以上前に、西郷村の荒地に十億円の担保価値があったのだろうか。しかも農地であるためか、所有権移転は仮登記のままだ。東亜相互企業はこの契約から六年後の一九七七（昭和五十二）年に資金繰りが悪化し、同年六月には東京・六本木の本社兼商業ビル「ＴＳＫビル」を東京都に差し押さえられている。西武不動産がもともと町井から債権を回収するつもりがあったかどうかも疑わしい。

白河市内の不動産業者に土地の評価を聞いてみた。「開発計画がよほどしっかりしているなら別ですが、山林に担保価値はほとんどないはずです。白河だと、山林の取引は一反（三百坪）で三十万円とか四十万円とか。五十万円はいかないでしょう」。

この話を元に西武が担保としてとった三十六万平方メートル、およそ十一万坪を十億円で計算すると、およそ一反三十万円となり、現在の水準と一致する。東北新幹線の開発計画さえ浮上していなかった三十年以上前に、現在の土地評価水準と同じ額を支払っていたとすれば、それは町井＝東声会に対する「利益供与」と見られても仕方ない。

東亜はこの地で何を目論んだのだろうか。西郷村役場の幹部が思い起こす。

「東亜さんは昔、牛を飼っていたんです。畜産をしていました。いつごろだったかは記憶にないですね。それもいつからか止めてしまっていました。進出してきたのは、木村知事の時代の間でした。木村知事は昭和三十九（一九六四）年から五十一（一九七六）年まで在任していましたから、その間でした。開発するということで進出してきました。

以前はともかくも、この二十年かちょっとは、ほとんど接触はありません。何かリゾートをするとかいうことなら役場にも問い合わせがあるのでしょうけど、そういうこともありませんね。一時期、数百戸以上ある住宅地を開発するということで図面を見せてもらったことはありました。でもそれもいつの間にか立ち消えになってしまいました。あるときはね、温泉を掘るとか掘ったとかいうことも聞いたことがありました。それも今はどうなっているのか。いずれにしろ、きちんと開発するなら役場とかいろいろと折衝もあるでしょうけど、どれもこれも計画段階で止まっていたんです。今は営業はしていないでしょう。事務所には誰かいるかもしれないけど」

いまから三十年以上前、大物フィクサー町井が率いる東亜相互企業の土地に十億円という破格の抵当権を設定した義明の目的は不明である。そして東亜相互企業が破綻した後も、その抵当権は行使されることなく現在に至っている。

ただ不思議な偶然だが、東北新幹線新白河駅はこの西郷村にある。全国津々浦々の西武保有地がそうであるように、西武のそばには常に公共の道路があり、鉄道がある。土地の利便性は高く、いったん本気で開発に臨めば土地の価値は跳ね上がる。

至近に新幹線駅があるこの西郷村の土地も、やはりそんな「西武の鉄則」に外れない現状にあることは間違いない。

横井英樹

この東亜相互企業との取引の二年後、一九七三（昭和四十八）年暮れに西武鉄道は大きな騒動に見舞われる。当時、「乗っ取り屋」として知られていた東洋郵船の横井英樹が西武鉄道株の買い占めに乗り出したのだ。横井の企業買収の実績は実業界ではすでにあまねく知られていた。

当時、西武鉄道の社長だった小島正治郎や金庫番だった取締役の宮内巌らはこの大騒動の収拾に血眼になった。

横井英樹のプロフィールも康次郎同様に、政商らしく諸説が入り乱れ、エピソードの定着が困難である。しかし、「新潮人名事典」や「朝日人物事典」、そしてインターネットなどの情報によると、概ね次のように理解されている。

一九一三（大正二）年七月一日、愛知県生まれ。高等小学校卒業後に上京し、繊維問屋に勤めた後、十代で独立する。第二次大戦中は軍に卸す衣服を製造し、戦後は占領軍関係の衣料の製造や販売を手がけて財を築いた。

この財を元手に五三（昭和二十八）年、当時、老舗デパートとして知られた白木屋の株を買い占めたことから世間に知られ、その折に手放した株の譲渡金で引き揚げ船だった興安丸を買い取り、東洋郵船を設立する。その後、観光レジャー事業の道に入ったものの、東洋精糖などさらに企業買収を進めたことから「乗っ取り屋」としての評価が定着する。

このころ、敵対した暴力団関係者に狙撃される事件も起きた。七九（昭和五十四）年には大日本精糖が経営していたホテル・ニュージャパンの株式約七割を取得して経営に参画。しかし、防災設備に手を抜くなどして八二年二月に三十三人が死亡するという火災事故を起こしたことで業務上過失致死傷の容疑で逮捕・起訴された。東京高裁まで争ったものの、九〇年に禁固三年が確定。九八年十一月三十日、八十五歳でその生涯を閉じている。

この横井が西武鉄道株を買い占めたとされる一九七〇年代前半は、もっとも「乗っ取り屋」として脂が乗っている時期だった。六四年の康次郎没後、「死後十年は、新しい事業には手を出すな」というその遺言を粛々と守っていた義明にとって、まもなく「死後十年」の喪明けを滞りなく迎えようとしている矢先だった。

上場企業の西武鉄道を中心にした西武グループはすでに百社を超えていた。

中核会社のコクドを中心に、網の目のように張り巡らせた相互の株の持ち合い関係で堅牢なネットワークを築いてきた西武グループにとって、上場株の買い占めというもっとも恐れていた事態が起きたのである。

西武鉄道の経営権を横井に握られれば、本丸であるコクドさえ脅かしかねない。財政面だけでなく、複雑な持ち株比率の網の目のなかに潜り込ませてある西武グループの税法上の「すべての秘密」が露呈してしまう恐れもあった。西武鉄道の経営に外の人間を入れるということは、西武グループにとっては存亡の危機を意味していた。

先代の康次郎の代から仕えてきた西武鉄道社長の小島正治郎や金庫番といわれた取締役の宮内巖にとって、横井との戦いは家臣としての忠誠心のすべてを注ぐものだった。それは同時に自らが築き上げてきたものを守る戦いでもあった。土地の買収でとりわけその手腕を発揮してきた岡野関治もまだ役員として現役だった。

小島、宮内、岡野、そして忠三郎を交えた〝家臣たち〟の謀議がいく度も行われた。その結果、彼らは一人の男に白羽の矢を立てる。それが、児玉譽士夫だった。すでに児玉と義明は知己である。そして、七一年に結んだ一通の契約書の存在が、児玉に対する西武の強みともなった。

児玉がその時期、積極的にコクド・西武グループの用心棒として露払いをしていたという話はない。しかし、苦肉の策として児玉に横井との仲介を依頼したのだった。

一九七三年暮れ、東京・芝の東京プリンスホテルに、横井を伴った児玉が現れた。横井はすでに大量の西武鉄道株を持っていた。

直前、黒塗りの車数台が東京プリンスホテルに滑りこんでいた。

後部座席から、スーツに身を包んだ屈強な体軀の、まだ若い男数人が降りた。トランクには大きな布袋が入っている。一人ではとても持てない重さだ。なかには億単位の札束が詰められていた。

男たちは闇にまぎれるように、東京プリンスホテルの一室にこの袋を担ぎ込んだ。横井の株と引き換えに渡すカネだった。男たちは西武鉄道の総務部の社員である。なかにはコクドの人間もいた。

帝国の存亡をかけた大きな取引が行われようとしていた。

横井はすでに数万株を所有していると思われていた。

西武鉄道とコクドはそれを買い取るために数億円を用意していた。

横井が西武鉄道との取引直前に保有していた株数と、その買い取り額は、現在生存している関係者の間では数字に一致が見られない。ただ、共通しているのは「万株単位」の株を「数億円」で買い戻した、ということだけだ。

〇四年十月に明らかになるように、七〇年代前半のこの時点でも、すでに西武鉄道とコクドの間では社員らの名前を無断で使った「借名株」が存在していた。そのため、当時でもコクドが西武鉄道の発行済み株式の八〇％以上を保有していたのは間違いない。とすれば、市場流通している株式の相当数を横井は買い占めていたことになる。

東京プリンスホテルでの取引については、現在も多くの関係者に語り継がれている。だが、密室でのやりとりそのものについては直接証言を得られる人間はすでに全員が物故者となっている。


忠三郎の金庫から発見された数々の証書類は、康次郎による西武グループの草創期から義明に引き継がれたのちに至るまでの、知られざる闇の系譜を示していた。そしてやはりこの金庫から見つかった一枚の株券預り証が、西武グループにとって致命的なものとなる瞬間が刻一刻と近づいていた。

第三章　怪物・康次郎

故郷

「それにしても親父はなんであそこまで堤康次郎に惚れ込んだんだろう。俺も事業をやっているからわかるが、男が男を惚れ込ませるというのはよほどの魅力がなければできるものじゃないよ」

　中嶋忠三郎の息子、康雄が洩らしたひと言が、康次郎の生まれ故郷である滋賀に私の足を向かわせた。

　車は、まだ穂のつかない緑の絨毯《じゅうたん》の上を、森の集落に向かっている。風が吹くたびに、まだ伸びきっていない鋭い毛先の上をサーっと音をたてながら、金色の波が車を追い越していく。珍しいほど懐かしい田園地帯が残っている。眺めているだけで心のなかが自然とさわやかになる。

「あそこが確か、堤さんのお墓でしたよ。私も会社に入って研修で一回来ただけなもんであんまりよく覚えてないんですけどね。堤さんのお宅に行かれますか。それともお墓に行かれますか」

「とりあえずお墓に行ってください」

康次郎の生家ともなれば、手入れが行き届いていないはずはない。地元には、かつて康次郎の選挙を強力に後押しした「堤会」もまだ残っていると聞く。

東海道新幹線を米原で降り、琵琶湖線に乗り換えて能登川駅へ向かう。能登川駅の駅前には、見慣れた大型スーパーがあり、ロータリーには数台のタクシーが止まっていた。康次郎が生まれたころの八木荘村は、町村合併で秦荘町となり、そして今、総務省による再度の町村合併推進施策により、近隣との合併話が持ち上がっていた。

康次郎の生まれた下八木地区は、わずか四十九世帯ほどの小さな集落だった。田んぼの真ん中を走る一本の県道によってその往来が確保されているものの、その一筋の糸さえ切り離せば、村ごとふわっと宙に浮いてしまいそうな気配さえある。

墓は、村の北西のはずれの家からおよそ百メートルほど行った田んぼの中にあった。

墓地内にいくつかある「堤家の墓」には、どれも花が供えられている。花弁の色合いからいっておそらく今朝にでも供えられたものだろう。誰かが毎日手入れをしているのかもしれない。それは近江鉄道の社員だろうか。やはり康次郎の墓がある神奈川県鎌倉の鎌倉

右から堤康次郎、吉田茂、池田勇人、佐藤栄作（1961年当時）

霊園は、グループ企業の社員が今でも毎日、墓参し、一晩を明かし墓守をしているといわれている。

ここは康次郎の出生地の墓である。やはり、コクド・西武グループが業務として守り抜くものであるに違いない。

「堤家の墓」のなかでもひと回り大きい墓の裏をのぞくと、「大正十二年四月　堤康次郎建立」と刻まれていた。これが康次郎の墓なのだろうか。いくつか分家もあるに違いないが、康次郎自らが建立したとなれば、おそらくこれが直系の墓石であろう。

一九九六年にセゾングループ史編纂委員会が協力してまとめた康次郎の正史といえる『堤康次郎』にはこうある。

〈堤家の祖先は岐阜県出身といわれ、江戸時代の後期の文化・文政以前に八木荘村に定着し、代々清左衛門を名乗っていた。堤という姓は、県下や愛知《えち》郡一帯にそれほど多くない。幕末の安政期に、彦根出身の堤惣平という麻織物取引で多額の産をなした近江商人が知られている。その果敢な企業者活動は、のちの堤康次郎と一脈通ずるところがあるが、当時において親戚関係ではなかったようである。ただし江戸中期まで遡れば、両家には何らかの関係があったのかもしれない〉

この記述に続けて、一行の脚注がある。

〈（1）堤惣平については『滋賀県史』にも安政期の「巨商」としての記述がみえる〉と。

歴史上の人物である堤惣平との血のつながりを、商才の縁で印象づけようとしたと思えなくもない。安直な過去との縁作りは、偉人の正史をときにゆがめる結果にもなる。

いったい、康次郎はこの地でどのように生きたのか。

墓石の数からすると、堤家には複数の分家があるはずだった。その「家」のいくつかは、まだ村に残っているかもしれない。「堤」姓を引き継ぐ家を探して、村をさまよった。

辻井喬の表現を借りれば〈低い土塀に囲まれた、細い曲がりくねった路地〉を迷いながら進んだ先に、堤徳男の家はあった。玄関前の屋根のついた車庫のなかには、農器具が置かれている。平屋だが、横に幅のある玄関と平面に広い屋敷は農家に違いなかった。

一九三〇（昭和五）年四月三十日生まれの徳男はずいぶんと背が高い。すくっとした姿勢のよさが見かけ以上に大きく感じさせるのかもしれない。農作業での逞しい日焼けが年齢と重ならない。

唐突な来意を告げたよそ者に嫌な顔もせず、徳男は康次郎とは縁戚関係にあるのかとの私の問いに肯き、座敷へと招いた。康次郎の名前を出すと懐かしそうでもあった。〇四年は、康次郎の没後、ちょうど四十年目にあたる。「あー、」と思い出すように徳男は話しはじめた。

徳男が物心ついたころ、康次郎はすでに村を出て東京で事業家としても衆議院議員としても知られていた。

「滋賀に戻ってこられるのは選挙のときだけでしたけど、とにかく先生と呼ぶなと言っていたのを覚えています。大将と呼べ、というので私もそう呼んでおりました。選挙のときだけなので、こちらにいる時間はそれほど長くないのですが、こっちに来ても柔道がお好きでした。いつも三人か四人ぐらい書生がついて歩いていたのですが、書生相手に柔道をやるんですわ。それも朝早くから畳の居間で書生を投げてましてね。若いころから柔道をやっておられたので、それが日課だったのでしょうかね。朝から投げられる書生はたまりませんわね」

康次郎は柔道の有段者である。身長はそれほど高くはないが、胸板の厚いずんぐりとした熊のような体格だった。そのどっしりした雰囲気には、初対面のものを畏怖させる効果もあったようだ。年齢不相応の貫禄は、早稲田大学入学以後に大隈重信や、元台湾総督府民政局長で東京市長を務めた後藤新平たちには、天賦の魅力として映ったであろう。

康次郎は没後四十年を経た今でも、自らの利益だけを主張し損得勘定だけに動かされる容赦のない、そしてずる賢いだけの事業の鬼のように悪しざまに語られる場面が少なくない。だが、そんな康次郎も好々爺《こうこうや》たる一面を瞬間、のぞかせることがあった。

ある朝、まだ子どもだった徳男は康次郎の屋敷にある楓《かえで》の木の枝をゆすって遊んでいた。するとなんの拍子か、それほど太くない枝がポッキリと折れてしまったという。楓の木が植えられている庭は、母屋の縁側に面している。その縁側で康次郎は新聞を広げていた。

徳男は楓の枝を折ってしまって真っ青になる。子ども心に大変なことをしてしまった、と思ったのだろう。

康次郎はそんな青ざめる徳男の様子に気づくでもなく、縁側で黙々と新聞を読んでいる。じっとしていても、折れてしまった枝を元に戻すことはできない。幼い徳男にも分別はある。勇気を振るい起こして縁側の康次郎のもとに向かった。

「こらえてください」

精一杯自分の非を認め、反省の意を込めてとっさに出た言葉だった。顔を上げて事情を察した康次郎は徳男のほうに向いた。

「徳男はエライッ」

早朝からドッタンバッタンと若い書生たちが投げられている様が嫌というほど脳裏に焼きついていた徳男には、康次郎に投げられでもしたらどうしようかという怯えさえあった。それが大きく予想が外れ、「エライッ」という意外な言葉が返ってきたのだ。

これが七十四歳になるまで徳男の記憶に残る、康次郎とのいい思い出となっていた。

記憶とは不思議なもので、意表をつかれた言葉で自らの心持ちを支えられたとき、その言葉を発した人間をときに美しく、ときに大きく捉える。本心であるかどうかはわからないが、人の心をつかむ言葉と身振りを康次郎が会得していたのは間違いない。


「今日は神社の清掃の日で、家内もみな神社に出かけてしまっていて……」と言いながら、徳男が何か飲み物を、と座敷を立ったその間、そんなことが頭をめぐった。七十年近い時を経て、徳男の記憶に残っていた康次郎の「一言」が聞けてよかった。

徳男の家の居間を見回すと、仏間に大きな家系図が掛かっているのが目にとまった。

金の刺繡で外枠を、朱の刺繡で内枠を縁取ったその家系図は背丈ほどもある。「堤　家系図」とある。堤家の祖先である、徳兵衛という名前がもっとも高いところにある。そこから「徳兵衛」と「清左衛門」に分かれている。堤家は代々、本家が徳兵衛を襲名し、分家が清左衛門を継いでいた。

徳男が「私はここです」と下を指す。堤家は徳男の筋が本家で康次郎の筋は分家だった。初代徳兵衛がいつ死んだのかは示されていないが、康次郎の祖父である清左衛門の兄にあたる本家二代目の徳兵衛の没日は文政五年二月二十一日とある。

この祖父の清左衛門に、康次郎は育てられた。

農業と麻の仲買商も兼ねていたといわれる父親の猶治郎は、明治二十六（一八九三）年、康次郎が数え年で五歳の年に腸チフスで急死した。母親の名前は「みを」という。還暦を迎えたばかりの清左衛門はまだ二十五歳と若かったみをを実家に戻し、康次郎を預かった。

分家である清左衛門の暮らしぶりについては、代を下った徳男の記憶にはない。前出の『堤康次郎』にはしかし、祖父であり養父となった清左衛門については詳述がある。堤清二が所蔵する記録から再現したと付言されている。以下に引く。

〈康次郎を養育するようになった清左衛門は、天保五（一八三四）年の生まれである。彼の父、猶治郎にとっては祖父にあたる先代・清左衛門（戒名道意）は、すでに麻布の商業をも営む農民であったが、天保八年に若くして他界した。そのため家産が傾き、清左衛門は家業を挽回すべく麻布の織元業務に精を出し、大いに努力した。毎日のように未明に起き、朝早くから麻糸を持って近隣の山村を巡回し、農家の娘たちに配って家内製織させ、夜は遅くまで働いた。帰りが深夜になるため、途中で娘に出会った話とか、女に化けたカワウソが川に飛び込むのをみた話や、村の男が狐につままれて、そば畑を池と間違えた話などを、幼い康次郎は寝物語に祖父から繰り返し聞かされている〉

康次郎の生まれ育った下八木の集落は、川に囲まれた場所だ。集落からさらに北西で合流して宇曾川の本流に流れ込む、岩倉川、南川に挟まれている。さらに数々の細かい支流が血管のように巡っている。周辺の村々を行商のごとく歩いてまわる清左衛門はきっと、川を渡って隣の集落へ行き、とっぷりと日の暮れた川を渡って康次郎の元へ帰ってきたのであろう。

〈清左衛門は、猶治郎夫婦に代わって二人の孫の養育に専念することを決心すると、家業の製麻業をやめ、ふたたび自分が働いて農業で生計をたてることにした。麻取引が、衰退に向かっていたので見切りをつけるという事情もあったであろう。

清左衛門は、孫たち、とりわけ幼い康次郎を毎晩添い寝するほど慈愛して養育した。康次郎は、こうして生みの両親に劣らぬ祖父の勤労と庇護、そして愛情のもとに少年期を過ごすことになった。〉

早くして両親と離別した康次郎だったが、働き者で育児熱心な祖父の清左衛門のもとで温かく守られて育った――。

いささか美談めいてはいるが、この記述から康次郎がのちに事業家として村を発つころの、ある語られざる疑問に対するヒントが隠されている。

それは清左衛門が土着の民として農業だけを営んでいたのではなく、麻織物を扱う商人として周辺の村落を広く往来していたということだ。

早稲田大学に進学し、その後、実業に向かっていく康次郎の事業資金の由来は、そのほとんどが漠然と「農業をしていた家の田んぼを担保にしてカネを作った」と伝わるだけだ。しかし徳男によれば、康次郎の家が持っていた田んぼは、「多くて五反程度」。いずれにしても昭和初期の時代に担保に入れた田んぼが、大きく事業を伸ばすだけの資金力になりえたかは疑問だが、これまでほとんど詮索されたことはない。

もちろん、事業の成果こそが大事であり、どのように事業を立ち上げたのか、その資金源はどこにあったのかといった過去の話は関心の的ではないのかもしれない。ただ、西武帝国が後に繁栄を誇るその軍資金のルーツはいずれ振り返っておくべき意味がある。帝国の繁栄の陰で、しばしば泣かされてきた人々がいるかもしれないからである。

青木安次郎の思い出

康次郎の生まれた下八木の隣に北八木という集落がある。ここに九十九歳を迎えた青木安次郎が健在だった。

青木は康次郎の選挙を直接に手伝った、いまや貴重な生き証人である。補聴器は使うものの、趣味の瓢簞《ひょうたん》作りと毎日の畑仕事に精を出す青木の記憶はいまだ鮮やかだ。

「父の代からの付き合いでした。当時、十五歳か十六歳だったでしょうかね、小学校の高等科を卒業したあたりのころ、父が堤さんの選挙の手伝いをしておったんで、わたしもね、推薦状配りをやりました。時には弁士なんかもやりました。父は毎日、堤さんの事務所に行ってしまいましてね。そのころは彦根のほうから堀部久太郎さんが出て、愛知からは堤さんが出ておられて、そりゃ何回も堀部さんと堤さんの一騎打ちでした」

堀部久太郎もまた、康次郎に先立つ明治三十八（一九〇五）年に早稲田大学大学部政治経済科（現・政治経済学部）に入学した政治家志望の学生だった。同窓としても選挙区のライバルとしても、康次郎は後々までこの堀部の存在に悩まされた。しかし結局、堀部は康次郎に勝つことができず、政界進出を諦めている。

青木が手伝ったのは、話の内容からして大正十三（一九二四）年に康次郎が三十五歳にして衆議院議員に初当選したときの模様のようだった。ただ、青木の年齢を逆算すると、康次郎の初当選時には二十歳前後になる。十五、六歳という記憶はおそらくまだ若いころという勘違いではないか。大正十三年の総選挙は五月に行われており、時期も合う。

「そのころ、秦荘町には消防団が七分団あって、大体、ひとつの定員が二十人だから、まあ二十二人から二十三人がいたとして、秦荘町の消防団だけで百六十人ほどが駆り出されましたかな。堤さんが立候補するというんで、封筒の推薦状を一軒一軒に持って回りました。推薦状には、今回、立候補したのでよろしくという旨のことが書いてありました」

康次郎は初めての立候補で見事に当選する。その四年前に設立した、コクド・西武グループの前身である箱根土地株式会社の経営がやっと軌道に乗ろうかという時期であった。二年前の大正十一年に悲願の「千ヶ滝文化別荘」の販売を開始し、今日の軽井沢避暑地の街造りが始まっていた。初当選前年の大正十二年九月には関東大震災が起きたものの、鉄道事業などに進出する前であり、康次郎の事業そのものには大きな損害はなかった。

初当選後、忙しい身の康次郎ではあったが選挙となると集落に顔を出した。

「堤さんが帰ってきたら、いちばん最初に八木神社に参りにこられるんです」

八木神社は下八木、北八木を含めた辺り一帯の鎮守である。青木の家から目と鼻の先にある。

「八木神社に詣でている姿を見て、村のもんはみんな、堤さんが帰ってきはったんやなとわかったんです。でもな、選挙のときに帰ってきはるだけですわ。正直、村のためにもうちょっとしてくれたらいいのになと思いましたわ。みんなにはそれらしいこともせんと、当選したら、さっとまた東京に帰りはるわけです。選挙もな、三回目、四回目ということになると、選挙が始まって最初に一回来るぐらいで、しまいまでもおらんのですよ。

お金にはこまかかったですわ。あんなケチンボおらへんがな。だから最後に議長やりはったけど、お金を出さんから子分が集まってきはらへんのですわ。一匹狼みたいな姿で仲間がおらんさかいに。やっぱり自分のことばっかりやったんですわ。人格者は人格者だったんでしょうけれども、お金は出さんかったから、よう言わん人が多い。私なんかも、いくら選挙を手伝っても東京には一度も連れていってもらったことはない。選挙中の食事も、朝、事務所で弁当だけはくれましたが、ほんまにカネはきつかった。

でも、お葬式は盛大でした。八木小の体育館でやりはったんですが、なにやら大勢の人でした。でも、死なはったら田んぼを一反くれたんですわ。八木小の講堂で村の合同葬が行われたんですが、田んぼをくれはるんで、また待ちなおして二へんでも三べんでも行く人がいはりましたわ」

当時の八木荘村の人口は六百五十人前後だ。ドケチな康次郎の葬儀に際して村人全員に田んぼ一反がわたったかどうかはわからないが、青木が唯一、康次郎の世話になった思い出が「死んだ記念に田んぼ一反」というのは悲しい響きがする。

「カネにきつい」とは、当時の康次郎にとってその言われ方は少々むごいかもしれない。康次郎は死ぬ直前まで土地の買収に奔走していた。忠三郎の言葉にも繰り返し表れるとおり、資金繰りは常にきわどい自転車操業の状態であったに違いなかった。事業家として勢いを増そうとしている時期だけに、選挙資金に回す財源に苦労したであろうことは想像に難くない。

臨終の床で、康次郎は義明に告げたという。

「土地はもう十分買ってある。もう買わなくていい」

一九六四年に倒れるその日まで、日本全土の目ぼしい土地を買いつづけた康次郎を代議士として担いだのは、地元の人々には不幸なことであったかもしれない。酒蔵など地元の資産家や名家に生まれ、ボンボンの二代目として親の遺産に根を張って地域社会にも貢献できるほどの、余裕のある政治家ではなかったのだ。

事業家であるためには政治家である必要があり、また政治家としてありつづけるためには事業家でなければならないという、どちらにおいても切羽詰まった二つの状況のなかに康次郎は生きつづけていたのである。地元の人々の幸福に目を向ける余裕はなかった。

康次郎はかつて後援会の東京事務所長だった人間が広尾の自宅を訪れたときこう語っている。

「わしは寄付はせんのや。いくら出しても、あの堤がこれっぽっちかと言われる。だから寄付はせんのや」と。

出発

一九二〇年、日本に鉄道省が設置されたその年、康次郎は後の西武グループの礎であり中核企業となるコクドの前身、箱根土地株式会社を設立した。

第一次世界大戦の戦勝国としての日本に瞬間的な戦後景気が到来し、石油をはじめとする重化学工業を国策として推し進めようとする機運が高まっていた。大正七（一九一八）年には、三菱鉱業、古河鉱業が相次いで創設され、炭鉱掘削など資源経済の予兆もあった。対外的には国際連盟の常任理事国として加盟を果たし、世界の列強としての体裁を整えんとばかりに、産業、経済の国策化が推進されていた。

康次郎がそのころ、古くからの温泉郷でもあった箱根や軽井沢に目をつけ、行楽地や避暑地としての開発に乗り出したのは、そんな日本に瞬間的に吹きぬけた景気拡大の機運を肌で感じ取ったためだったかもしれない。だが、あくまでもそれは瞬間風速だった。

実際、箱根土地の経営は設立後数年で急速に悪化しはじめる。旧華族の保養地であった箱根の優良物件を買収しては分譲開発する手法は、当初は目論見どおりの収益を上げたが、またたくまに失速した。

当時、〈箱根土地の前途〉として「ダイヤモンド」誌がその財務内容を分析し、それを引用した『堤康次郎』でも、その分析を素直に受け入れている。

〈すなわち、内部留保はきわめて乏しく、経営を維持するのに二〇〇万円以上を社債などの外部負債に依存していたのである〉と。

確かに大正十一（一九二二）年上期に七百四十四万七千円だった負債が二年後の十三年には一千五百八十三万四千円に倍増し、同時期の社債も百万円から三百万円に跳ね上がっている。ただ、その負債と資産のそれぞれの合計額に目をやると、その数字が一致していることに気がつく。借入金は多く苦しいのは事実ですが、同額の資産もあるので経営体力としてはトントンですよ、と印象づけているようにもうかがえる。後に芸術品ともいわれる税務処理で、「赤字出さずして黒字出さず、そして税金払わず」の長い歴史を生きてきたコクドの企業経営の原型を見せつけられているようでもある。

大正十三（一九二四）年といえば、康次郎が郷里、滋賀で衆議院議員選挙に立候補し、初当選を果たした年でもある。確かにそのころ、康次郎は火の車だった。一九六三（昭和三十八）年十二月五日付の「週刊現代」は滋賀の地元有力者の証言を紹介している。

〈新代議士となってからも、東京宅と云うのを訪問してみると、品川あたりのぼろ屋敷に住み込んでいて、『おお、よくやってきた。まあここへ座れ。ところで我輩はいま、どえらい債鬼どもの包囲攻撃を受けておる最中じゃよ』そういって机の蓋を引っくり返してみせると、ベタ一面に破産申告書や借金取り立ての内容証明ばかり貼り付けてあって、しかもその金高がどれもこれも気が遠くなるようなすごい数字なのには、まったくぎょっとさせられたという話である。でも、新代議士はタメ息まじりの遠来の客を慰めるように、『だが、このワシだって、軽井沢や箱根に、ざっと五百万坪ばかりの土地をもっておるから、これさえ坪一円で売れてくれれば、こんな借金ぐらい屁のかっぱじゃよ』と、呵々大笑したそうである〉

後に、康次郎の大番頭となる若き日の中嶋忠三郎に「月十円」を渡していたのは、まさにこのころである。「坪一円で売れてくれれば」という傍らで「月十円」を係累でもない見知らぬ男に月謝として差し出していたのだった。忠三郎が中央大学を卒業したのは大正十四(一九二五)年のことだ。康次郎が初当選したのが前年の大正十三年である。「月十円」をそれなりに捻出できた時期と前後して、本業である箱根土地の経営内容は急速に悪化していった。

もし忠三郎が康次郎の屋敷に飛び込んだのが大正十四年より遅ければ、二人の後々の関係はなかったに違いない。十五年にはついに康次郎は目白の屋敷を撤収し、当時はまだ辺境の地だった品川・大崎に転居することになる。

その年の三月には、ついに箱根土地の社債、およそ二百万円が焦げつき、償還不能事件が発生する。事実上の倒産だ。通常ならばここで、資産整理が行われ、箱根土地が担保として持つ「五百万坪の土地」は二束三文で切り売りされる。だが、そこは「ピストル堤」とさえあだ名される康次郎だ。一枚も二枚も上手《うわて》だった。

まず、その債権管理業務を当初の神田銀行から当時は国策会社だった日本興業銀行に引き継がせ、国会議員という立場を全面的に押し出しながら、債権処理の主導権を握ろうとした。

その目論見は、結果として見事に奏功している。興銀は和議方針を決定し、資産処分を凍結した。要は、康次郎は債権者をなだめすかしながらこれまでの資産を手放すことなく再建計画に筋道をつけてしまったのである。

六年後の昭和六（一九三一）年五月に開かれた債権者集会では、康次郎は債権者を一人一人座席まで案内するなどの気配りを見せた。後でその案内役が社長の康次郎だったことを知った債権者はみな感激した。康次郎は折にふれ、芸の細かさも見せつける。

この前年、箱根土地の資産を継承する事業会社である日本温泉土地株式会社が興銀の主導で設立されている。それを受けて開かれた債権者集会で、康次郎の誠実さに心を打たれた債権者たちはとにもかくにもその場の矛《ほこ》を収めたのである。

康次郎は〝プリンス〟と呼ばれる興銀マンよりも、また〝債鬼〟のごとき債権者よりも実にしたたかだった。

日本初の有料道路

箱根土地が社債償還不能事件を引き起こし、事実上の倒産に追い込まれる前年の大正十四（一九二五）年に、康次郎は熱海峠と箱根峠を結ぶ自動車専用道路の新設を内務省に申請していた。日本初の有料道路としてその賛否をめぐる騒動も起こり、歴史に名を刻むことになるこの私営道路の建設は、明治政府以来初めての申請だったこともあって、認可が下りたのは出願から実に五年が経過した昭和五（一九三〇）年七月のことだった。

火の車とも自転車操業とも言われる汲々《きゅうきゅう》とした状況のなかでも、常に次の種を蒔いているのには恐れ入る。種が芽をふき、さらに生長し花や実をつけるのには年月を必要とする。康次郎はその事業に通じる自然の摂理を実によく体得していたともいえる。

ようやく認可されたころには興銀を中心にした再建計画にもメドがついていた。そしてこの「十国自動車専用道路」がきっかけとなって康次郎は鉄道事業に参入していくことになる。

十国峠は霧が深い。連なる峰々の山頂付近の急峻な斜面をL字形に無理やり削り取ったような場所に、有料の自動車専用道路を通したのである。箱根と芦ノ湖にはさまれたこの峰々の斜面は、ふわっともやが横切ったかと思うと、次の瞬間には、車はまるで雲のなかに入ったかのように方向不覚の白濁に包まれてしまう。一転、霧が晴れて快晴ならばその眺望は最高のものとなる。左のコーナーでは遠く大島が浮かび、右のコーナーでは霊峰富士が左右に等しく広がる稜線をくっきりとのぞかせる。関西でいうなら、六甲スカイラインに似ているかもしれない。

厳密にいうと、この十国自動車専用道路を申請したのは破綻直前の箱根土地ではなく駿《すん》豆《ず》鉄道だった。康次郎は大正十四年六月に駿豆鉄道の増資に際して同社株を購入し、役員を送り込み経営に参画していた。後にコクド・西武グループが西武鉄道とともに上場させた二社（現在はどちらも上場廃止）のうちの一社、伊豆箱根鉄道の前身が駿豆鉄道だった。

結局、認可から二年を経て工事は完了し、通行料として八十銭を徴収する日本最初の有料道路が開通する。この道路を軸に、康次郎は熱海と箱根を結び、バスを通して熱海駅で降りた観光客を箱根まで運ぶことにした。箱根ではすでに芦ノ湖の開発に着手している。グループ会社の箱根遊船会社が芦ノ湖周辺の道路整備も着々と進め、リゾート地としての外観が着実に整えられていった。

驚くべきことに、箱根土地の破綻の翌月の大正十五（一九二六）年四月に芦ノ湖で水上遊覧飛行まで始めている。破綻、破産、倒産という憂き目に遭ってなお、事業計画を推進していく様は、今日の企業の経営管理体制ではありえないものである。

銀行や役所の顔色や意向をうかがいながら恐る恐る、自らの権益をさりげなく潜り込ませていくといういやらしくも現代的な手法を康次郎は採らない。

あくまでも強引に、派手に、しかし確実に計画を推進していくのである。だが、それは決して夢だけに基づいた甘いものではない。緻密な計算と見通しと将来の展望があるからこそ、周囲を説得しながらその強引さを発揮できたのだろう。このあたりは康次郎が晩年まで敬愛してやまなかった後藤新平の政策手腕と共通する部分である。

道路を整備し、自社のバスを通し、観光客の誘致を図る。そして到着した先には遊覧船や遊覧飛行機がある。大正が十五年を最後に昭和初年に入ったそのころ、映画、相撲、歌劇といったインドアの娯楽一辺倒の時代、見晴らしのいい峰々をバスでドライブし、芦ノ湖を見下ろし、湖の上を遊覧飛行機が旋回する。

その解放感はきっと得も言われぬ新鮮さを与えたに違いなかった。そして温泉で骨を休める。

康次郎は計画・施工・運営というすべてを一体化したリゾート開発の新しいあり方を模索していた。産業振興と国土開発を錦の御旗とする国策会社の日本興業銀行も、こうした康次郎の展望に経済効果のそろばんをはじき、縷々《るる》とした康次郎の説得に耳を傾けただろう。債権者もまた、具体的な計画に納得したからこそ、その再建計画は順調に進んだのである。見通しのない「引き延ばし」に応じるほど、当時としても投資家の目は節穴ではない。

そうした中、いく度かの苦節を経ながらも、駿豆鉄道は順調に成長した。康次郎が初めて経営に参画してから三年目となる昭和二（一九二七）年には十四万五千九百五円だった営業利益が、十七（一九四二）年には七十一万千四百六十円にまで増加することになる。

この間、昭和十二（一九三七）年には箱根遊船との合併を果たし、事業拡大に弾みをつけた。この合併で、のちに忠三郎とともに堅牢な家老群を構成する、康次郎子飼の役員が数多く生まれる。このなかに、後の国土計画興業の社長を務めた中島陟や、小島正治郎もいた。そして、康次郎の箱根プロジェクトを支えていたのは、再建計画でその手腕を改めて評価した日本興業銀行だった。

当時の興銀の融資は、同時に産業振興と国土開発という設立趣旨に照らした国策プロジェクトの趣が強かった。康次郎の事業は極端に言えば、政府系金融機関という底の尽きない金庫を後ろ盾に持つと同時に、興銀が融資しているというだけで、公共性のあるイメージを得ることができた。加えて康次郎が衆議院議員であるという信用力も大きな力を持った。

堤康次郎に対して、世間は素性の知れない不動産屋から、徐々にではあるが、国がバックについた信用力の高いプロジェクト会社のオーナーであるかのような錯覚を抱きはじめたのである。一般投資家においてそれはさらに大きくイメージを増幅させ、康次郎は一層の事業拡大に向けた勢いを得ていくことになる。

そして、駿豆鉄道の買収で培った「計画・施工・運営」という一体型の開発プロジェクトの成功を弾みに、運輸・輸送という公共インフラを事業に乗り出していくのである。「五百万坪」という箱根・軽井沢の土地も、単なる担保資産ではなく、そこを自らの手で開発することで資産価値はその何倍にも膨らむ。さらに定期的な輸送手段を提供して、人が住める環境を整えることで、土地だけでなく住宅を建設する需要も生まれてくる。

街を造ることが、開発のもっとも効率的で儲かる事業であるという都市計画の発想に康次郎はある段階で気付いたのである。元台湾民政局長の後藤新平は、後に東京市長時代に現在の東京の主要な幹線道路の原型となる都市計画を自ら発案し、推し進めた。後藤の史料に、康次郎との街造りに関するやりとりが出てくるものはないが、二人の交流の深さを考えれば、互いのアイディアを交換していたとしても不思議はない。

康次郎の鉄道事業への進出は当初、既存の線路に沿って街を造ることから始まった。田舎リゾートの不動産業者が、いきなり鉄道を買収するわけにもいかない。そこで、苦心の末に考え出したのは線路に沿って駅舎を建て、それを鉄道会社に寄付するという突拍子もないアイディアだった。

それはかなり早い段階から行っている。衆議院議員に初当選した大正十三（一九二四）年十一月に大泉学園駅をつくり、武蔵野鉄道に寄付し、同時に駅周辺で土地の分譲を開始した。当初迷惑顔であった鉄道会社も無料で駅舎を寄付されれば悪い気はしない。多少のトラブルはあったものの、康次郎の宅地開発で利用客も増えれば鉄道経営にとっても決して悪い話ではなかった。ありがた迷惑、しぶしぶ顔で、武蔵野鉄道に新しい駅が誕生し、そしてそこに街が生まれた。

昭和元（一九二六）年には国立駅を鉄道省に寄付し、国立大学町として宅地分譲を開始した。汽車が停まり、街ができれば、駅舎の建設費などすぐに回収できてしまう。

そして昭和六（一九三一）年七月、武蔵野鉄道での経営陣の内紛に乗じて武蔵野鉄道の大株主となる。次々と腹心を役員に送り込んで東京近郊での開発路線を獲得した。埼玉県飯能市につながる現在の西武池袋線がこれにあたる。

前出の『堤康次郎』にはこうある。

〈康次郎の事業活動にとって、大正時代には補助的であった鉄道事業は、この時代になって土地開発事業に次ぐ重要な位置を占めるようになった。ことに昭和十年代になると、武蔵野鉄道が急速に重要性を増大した。武蔵野鉄道の設立の動機は、きわめて地方的な利害に根ざしていた。だが、この地方的な鉄道が、やがて康次郎の経営の傘下に入ってからは、現在の西武鉄道の重要な路線に発展し、ターミナルの池袋は戦後の康次郎の事業展開の拠点のひとつとなった〉

大正十三（一九二四）年六月十四日付の雑誌「東洋経済新報」に掲載された武蔵野鉄道の旅客数推移を見ると、関東大震災に見舞われた二三年以降に旅客数は目覚ましい増加を遂げ、配当率も八・五～九％と高い数字を記録している。

しかし、康次郎が買収した昭和六年以降に一度、経営破綻に直面している。もともと経営不振だった時期に買い取ったことで、莫大な負債を抱え込むことになってしまった。加えて電化に伴う設備投資が大きくかさんだ末、社債の償還ができず、昭和九（一九三四）年九月十五日に破産を迎えてしまう。それから昭和十三（一九三八）年十一月まで武蔵野鉄道は鉄道財団の管理下に置かれ、経営の厳しい監視を受ける。

ちなみにこの苦境の時期、清二の誕生から七年を経た昭和九年五月に義明が誕生している。

その後、武蔵野鉄道再建にメドをつけた康次郎は昭和十四（一九三九）年、新たに多摩湖鉄道と豊島園を買収する。同時に飯能のハイキングルートを整備し、池袋など都市部からの利用客誘致も進めた。宅地開発とともに肝心な娯楽施設の整備も忘れてはいない。遊戯施設の豊島園を買収し、翌十五（一九四〇）年には、池袋駅前に武蔵野デパートを開業させる。

後の西武グループの原型はこの昭和十五年にほぼできたともいえる。西武グループの企業支配の構造は、通常、コクドを中核に、その周辺に西武鉄道を含めた数多《あまた》の関連企業が株の持ち合いでつながっていると理解されている。

もちろんその構図は、平面的な理解として的確である。しかし、さらに視線を三次元の立体面に起こせば、実は、コクド・西武グループの構図は、中核は武蔵野鉄道を前身とする西武鉄道であり、基本はこの西武鉄道を中心に多くのグループ企業が点在していると言ったほうが正確である。

コクドが直接に中小のグループ企業を統括支配しているわけではなく、コクドは西武鉄道の真上に浮かび、そこから堤家というオーナーが西武鉄道支配を遂行している構図になる。そして上層に置かれたコクド以下、平面に置かれた西武鉄道がくもの巣のようにそれぞれのグループ企業株を持ち合い、また持たせ合いして輻輳《ふくそう》させることで、その支配力を維持しているのである。

そして、コクドのみ、その上部から時にグループ企業にも放射状に株支配の糸をつなぎ、その立体的な構図は円錐形のイメージに近い。その円錐体のなかに生きる人々にとって、それは確かにひとつの国と呼ぶに相応しいものかもしれない。

事業拡大から閉鎖体質へ

この時期、鉄道インフラを基幹に小売流通、不動産販売、観光開発を進めていたのはもちろん西武グループだけではない。東急、京急、そして関西では阪神、阪急、近鉄と日本全土のあらゆる私鉄が同様の事業展開を進めていた。鉄道事業の経営基盤は当然、乗客数の増加である。この鉄道利用者の増加を見込むために、付帯的な拡張事業として駅周辺の開発を進めていくのである。

コクド・西武グループの事業進化の特徴のひとつは、他の私鉄の流れとは逆に展開した点にもあった。鉄道があって街造りに乗り出したのではなく、街造りを行っていた不動産屋が鉄道を吸収したのだった。コクド・西武においてとりわけ顕著なこの業態進化の特性は、指摘されることは少ないが、大きな意味を持つ。

すなわち街造りのノウハウにおいて西武グループに一日の長があり、昭和初期から第二次世界大戦に突入し、敗戦の混乱期を経て高度経済成長期を迎えるという予測のつかない流れの前で、すでにわがままの利く自社の豊富な事業用地を確保したことを意味し、それが資金調達の何物にも代えがたい含み価値として大きく膨張したのだ。

康次郎が、ルソーの格言「土地を見よ、縄を張れ。そこに私有財産が生まれる」を意識していたかどうかは定かではない。しかし、康次郎はまるでそれが自らの本能であるかのように土地の獲得に没頭した。資金繰りに苦しく、手元に潤沢な事業資金がなくとも土地を手に入れる手法はある。それを康次郎は発見した。さらに忠三郎という新たなブレーンを獲得し、その技術に磨きをかけた。

それは後に、ＧＨＱ統治時代の宮家の土地買収で大きく機能を発揮することになる。

昭和十六（一九四一）年十二月八日、山本五十六率いる日本海軍が真珠湾を攻撃して太平洋戦争が勃発する。

このころ康次郎は国会議員として交通事業調整委員会委員にも名を連ねている。私的事業と公的活動とが康次郎を軸に車の両輪として見事に一本につながったことになる。そして翌十七年四月の第二十一回総選挙で連続七回目の当選を果たし、国会議員としての立場を揺るぎないものとし、東条英機内閣のもとで改めて交通事業調整委員会委員に再任された。

一方、軽井沢や箱根方面の開発を手がけていたコクドの雛形である箱根土地も再び事業を拡大していた。

列島が第一次世界大戦直後のような軍需景気に再び沸き、景気が上向いていたのが背景にあった。西武グループ公認の正伝『堤康次郎』でも、このあたりの記述にはにわかに勢いを感じさせる。

〈日本経済の活況にともない、堤康次郎の箱根土地会社は、昭和八、九年頃から東京の郊外住宅、軽井沢・箱根の別荘とも、ようやく年とともに売れ行きが増加をみるようになった。彼の発想による箱根・軽井沢の自動車道路は建設がすすみ、観光やレクリエーション諸事業は、一九三七、八年頃から軌道にのりはじめた。土地の担保価値の上昇で、この頃から資金の借入が可能となり、長い間、彼を苦しめつづけた極度の金融難は次第に緩和に向かった。興銀・勧銀ばかりでなく、安田信託銀行や三菱信託銀行のような、信託銀行から不動産担保の資金借入も行われるようになった。箱根土地会社は一九三八年からふたたび決算を発表するようになり、一九三九年から収入は急増した〉

康次郎の公式の伝記が資金繰りの好転をアピールできるほどに、時代は康次郎にとってようやく追い風となった。そして続けて多少誇張の匂いさえする時代がかった解説が付いているのも象徴的だ。やはり、この一九四〇年前後が西武帝国の画期的な時期であったことは間違いない。再び『堤康次郎』から引こう。

〈中産階級のための土地開発、文化的な生活環境の創出という康次郎の構想は、この時代になってはじめて、全面的な実現への展望が開けるようになったのである。そのうえ、鉄道業のほうでも成功は確実なものとなった。困難をきわめた武蔵野鉄道の再建も、昭和十二年にはめどがたち、急速な発展が可能となった。それは、東京の西部郊外の宅地開発と結びついて、総合的な開発の経済効果を発揮しはじめるようになった〉

さらに、極めて稀な清二本人の談話も登場する。

〈軽井沢の開発や武蔵野鉄道の再建の成功で、この頃になると康次郎は卓抜した構想力・行動力をもつ実業家と目されるようになった。かつてのように住居を転々とし、終日無理に無理を重ねて事業に、あるいは政治にと奔走する時代は過ぎ去りつつあった。事実『この頃の父の毎日は意気軒昂たるもの』（堤清二談）があった〉

そしてその財務状況の好転を裏づけるかのように、かつて「品川あたりのぼろ屋敷」と滋賀の後援者からも酷評された大崎の家を離れ、広尾に三千坪の邸宅を購入する。すでにこのころの広尾付近は一流財界人がこぞって邸宅を構える高級お屋敷街だった。

そして、大正後期から昭和初期にかけての苦しい黎明期を乗り越えたコクド・西武は一方で、今日に通じる閉鎖的な経営を強めはじめる。

〈大正時代においては、康次郎は箱根土地会社を広く資本を調達・集中させるための、開かれた株式会社として設立・運営しようとしたが、昭和初年からは、むしろ閉鎖的な個人企業体として運営するようになった。（中略）株主名簿や決算は非公開となり、綿密な収益性・収支計画は重視されなくなり、配当は彼の関心の外に置かれるようになった〉（『堤康次郎』）のだった。

近江鉄道と新幹線

ＪＲ米原駅の東口を出て二十メートルほど歩いたところに古い駅舎がある。見慣れた自動券売機はなく、初老の駅員が一人、事務室に座っている。

切符はここで買うらしい。愛知川までの往復券を頼むと、厚紙が長方形にかたどられた切符が出てきた。白地にグリーンの近江鉄道のマークが小さく並んだ表には、「（近江鉄道）米原から（鳥居本経由）愛知川ゆき」と印刷されている。裏は黄茶で両端二カ所に「４２９８」とスタンプされ、真ん中に大きく「社　米原から愛知川」と印刷されている。ずいぶんと懐かしい切符だ。改札を通ったことを示すパンチだろうか、円く小さな穴がくりぬかれている。

木造の屋根は白いペンキが剥げて年代を感じさせる。大きな地震でも起きればたちまち崩れてしまいそうだ。駅のなかでかろうじて近代的なものを探せば、それはフォームに停まっている一両編成の電車だけだ。プラットフォーム越しに見えるJRの駅とはずいぶんとその姿がかけ離れている。ただ、こんな古さも、鉄道ファンにとってはたまらない魅力なのかもしれない。地元資本のローカル線にごとごとと揺られながら、各駅停車の車窓から農村の風景をゆったりと眺めるのはいいものである。

この近江鉄道もまた、遠く離れた東京に本社を構えるコクド・西武グループの企業である。一両編成の電車には大きな西武ライオンズの獅子のデザインがペイントされ、青赤緑のライオンズ色のラインが側面を囲っている。車両を見れば、これが西武グループのものであることを改めて思い起こさせる。

それにしても、あまりに揺れる。一両編成だからだろうか。線路からの振動が逃げることなく、車両の壁面を伝って天井まで一緒に揺れているかのようだ。よく脱線せずに毎日運行しているものだと思ってしまう。乗客はわずか三人だけ。やはり初めて乗るのであろう背広姿の男性と連れの女性が、降りる駅がどのあたりかと不安そうに運転手の肩越しに首を伸ばし、風景を確認している。電車はワンマンだ。小さな駅に到着すると運転手が席を立って電車の前で改札をする。

米原駅を出発すると、ほどなく進行方向左側に新幹線の高架のコンクリートの壁が迫ってくる。そして、あっという間に近江鉄道の真横にぴったりとくっついてしまった。知らない者には、このライオンズマークのついた一両車両がＪＲのローカル線で、その横を東海道新幹線が走っているように映るかもしれない。

実はこの堤康次郎率いる近江鉄道と東海道新幹線（旧国鉄）の間には、凄まじい暗闘があったのだ。

一通の手紙

数年前、堤義明宛に送られた一通の手紙がある。送り主は「中地新樹」という。中地は現在、千葉県松戸にある牧の原団地に隠棲し、齢は八十三を超えている。埼玉、神奈川と住まいを転々としたが、一時期の生活ぶりは困窮を極めていた。

約三千五百字にのぼるその手紙はこう始まっている。

〈東海道新幹線の新大阪駅、新横浜駅設置場所発表前に、貴殿の父上の堤康次郎先生にお目にかかり、駅付近の用地買収を提言した中地新樹です〉

兵庫県出身の中地は、旧国鉄の大阪鉄道局に勤めていた。当時の局長は、後に首相となる佐藤栄作である。「手紙」にはその佐藤もかかわった西武グループの用地買収や裏金作り、小佐野賢治と京浜急行とのトラブルでの立ち回りなどが仔細に記されていた。

なかでも康次郎が新横浜駅周辺の土地買収を依頼した様子は生々しい。佐藤栄作の息がかかった情報員として土地の値上がりや価値上昇が見込まれる駅建設場所の情報を康次郎に流した中地は、こう記している。

〈その際父上（康次郎・筆者注）は新横浜に第二の丸の内を作ろうと決断され、今池袋で土地を売却した裏金が十億ほどあるから、西武の名前と裏金と言う事を一切明かさず、君の金で、君の名前で契約して目的達成をしてくれと申されましたので、金は即日私の名義で住友銀行都立大学支店、富士銀行自由が丘支店に預け、順次引き出し用地買収資金として使わせて頂きました。

用地買収途中に於いて麻布広尾の父上宅にお伺いした折、御父上よりこの二人は私の息子で、兄の清二で将来百貨店をやらせようと思っている。もう一人次男の義明で鉄道と国土の方をやらせる積りだと申されました。両方にはそこで初めてお目にかかった次第です。私に対する紹介ではこの人は国鉄に努めて（ママ）居られた方で、佐藤栄作さんの直属部下の方で新大阪、新横浜の駅予定地付近を教えて貰って用地買収をして貰って居る人ですと、紹介されました。

或る時、急用が有り三時十分にお電話した折、秘書の方は大将は今御寝み中ですと申されたので、至急連絡が出来ないと困るんです、と電話を切ろうと思いました折、大声で堤ですと電話に出られ、目的を果たした事が有ります。

この御父上の仕事に対する信念身をもって挺して居られる御姿を拝し、この方となら命をかけてもつくそうと思い、今もその気持に変わりは有りません。朝、夕御父上のご成仏と西武の御発展を心より祈り居る次第です。

其の後、御父上に呼ばれ、麻布広尾に御伺いした折、初め十億の予算で出発したが、東急の五島慶太の子分の小佐野が山梨交通の株を買うので二億五千万程必要なので、新大阪、新横浜の用地買収は七億五千万で止めてくれと申されたので云われる通りしました〉

中地は康次郎の意を受け、預けられた七億五千万円で着々と新幹線の駅計画地前の土地買収を進めていた。

〈新大阪駅付近五万五千平方米、新横浜付近二十万二千平方米を買収しておさめました〉

東海道新幹線の駅前という一等地に、コクド・西武グループがプリンスホテルをはじめとする商業施設を数多く持っているのはなぜなのか。一度気になりはじめれば果てることなく謎は深まる。しかし、鉄道省出身の政治家として与党内でも台頭していた佐藤栄作が、かつての部下である中地新樹をパイプ役として康次郎につながっていたと考えれば、それは一転、あからさまなほどに明快な答えをもたらす。

もちろん佐藤栄作と堤康次郎をつなぐ「政府発表前情報」がタダなはずもない。佐藤の代理としてやはり中地自身が駅建設予定地の土地を買い、土地高騰後に売ったカネは佐藤にも大きな収益をもたらしたと、中地の手紙には記されている。

一九六〇年前後、中地は康次郎と佐藤栄作のために土地の買収に明け暮れていた。そして新たな難題が持ち上がった。それが近江鉄道と東海道新幹線をめぐる暗闘だ。

再び、中地の手紙を引用する。

〈又其の後近江鉄道より申し入れがあったと思います。お父上より米原駅西へ三キロ程、近江鉄道と建設される新幹線に並行して走る所が有る、その区内は新幹線が高架に建設されるために近江鉄道の電車の窓より田園風景が見えなくなるので、なんとか国鉄の幹部に話をして景色保障代金として、二億五千万程払う様頼んでくれと言われました。近江鉄道は私の出身県の鉄道で深い愛着心がある、今資金難で踏切改修車輛補修も思う様にならず困っているので、なんとかしてくれと託されましたので早速国鉄幹部遠藤総局長、赤木新幹線用地部長にこの旨話した所、景色保障という話は聞いたこともなければ、そんな予算もない。今経理局長はアメリカへ行き、世界銀行より借り入れの交渉をしている、そんな金出す余裕がないと断られました。そこで今一度御父上にお目にかかり国鉄側の申すことをお伝えした所、国鉄がどうしても払わないというなら新横浜、新大阪の駅用地路線要地、簡単には売り渡さないと脅され困り果てました。そのうち、新幹線大阪建設局長等がどうしても売らないなら強制施行（ママ）の手続きを取るとの発言があったとする報道も有り、オリンピック迄になんとか新幹線開通させねば佐藤栄作先生と国鉄に対して用地買収を進め、協力すると云う大名題（ママ）がなくなってしまうと中嶋先生と宮内氏に私が大決意をもって、家屋敷その他所有する土地を保証に銀行等より、七千五百万円を借り入れて遠藤総局長、赤木用地部長、大石重成副総裁に対する対策費として用意して渡し、近江鉄道に対する景色保障を実行して貰うから、通常取引として、この立替金は必ず返済下さいと、念を押して実行致しました。その折宮内専務は大将に伺うと御父上に御話しましたところ、なにをぐずぐず云って居るのだ、早くしないと近江鉄道が死んでしまうぞ、後はどうにでもなる、早く実行して貰えと強くしかられました〉

国鉄とコクド・康次郎との板ばさみになった中地は、事態打開のために私財を提供することになる。そして、その七千五百万円がいまだ返還されていないと、この手紙は訴えている。

それにしても、この「景色保障（景観補償）」とはいったい何か。鉄道業界では鉄道敷設の際に「景観補償」するのが一般的だったのだろうか。関西最古の私鉄本社の関係者は次のように話す。

「景観補償を払うなど聞いたことがありません。高架や線路ができるからといって損なわれる景色を補償していたら、沿線の住民すべてに補償をしなければならず、ありえない話です。これまでも国鉄でも私鉄でも景観補償という名目を公に払ったという話は聞いたことがありません」

それだけに中地の手紙にある近江鉄道の景観補償についての詳細は圧巻である。この近江鉄道と国鉄との「密約」の存在は地元滋賀県や鉄道愛好家の間ではまことしやかに語り継がれていた。しかし、現在までそれを裏づける資料は見つかっていなかった。

ところがこの近江鉄道と国鉄との間で交わされた景観補償の密約文書もまた、中嶋忠三郎の死後、忠三郎名義の貸金庫の中から見つかったのだ（127ページ参照）。

一九六一（昭和三十六）年十月十五日付の「受領書」には、国鉄側幹部の名前と印が押されている。国鉄副総裁の吾孫子豊、新幹線局長の遠藤鐵二、新幹線用地部長の赤木渉の三人だ。いずれもすでに故人となり受領書についての説明を聞くことはできない。

中地が西武を信じ、私財を投じて問題解決に道を拓いたこの年、康次郎が「百貨店をやらせる」と中地に紹介した清二は西武百貨店の代表取締役に就任している。

康次郎のための土地の買収がひと息ついたころ、中地は一度海外に送られている。それは慰労目的ではなく、大規模な土地買収に不審を感じた司法当局の目先をくらませたい西武の思惑でもあった。

〈用地買収がほぼ終わった新横浜、新大阪に関する用地買収の記事が大々的に報道されましたので、西武の名前が出ると又裏金の事や近江鉄道に対する景色保障に関する事で七千、五百万円国鉄幹部に渡したことがわかれば、大変な事になるのでアメリカ其の他中南米諸国に渡り、時の過ぎるのを待ちました。当時ロサンゼルスに滞在中ロサンゼルスのホテルに中嶋先生が尋ねて（ママ）こられ、ロサンゼルスの西武百貨店で用立てして貰ったとして一万ドル御届け頂き滞在費として使わせて頂きました〉

一九六二年三月、西武百貨店ロサンゼルス店は開店している。しかし二年後、同店はすぐに閉店してしまう。

康次郎としては、裏の買収工作人であった中地をしばらく海外に留め置きたかったのであろう。忠三郎が当時、中地の面倒を見るためにアメリカに渡ったことは息子の康雄が覚えている。

中地の大々的な買収工作はすでにその実行中から当局に目を付けられていたようだ。

〈又こんなことも有りました、用地買収さなか大阪国税局から呼び出しを受け、当時の局長塩崎じゅん氏（後の衆議院議員）より今新大阪、新横浜で数億円単位で用地を買って居られるが、とてもあなたの持ち金とは思えない何処から出た金ですか、又誰から受けた金

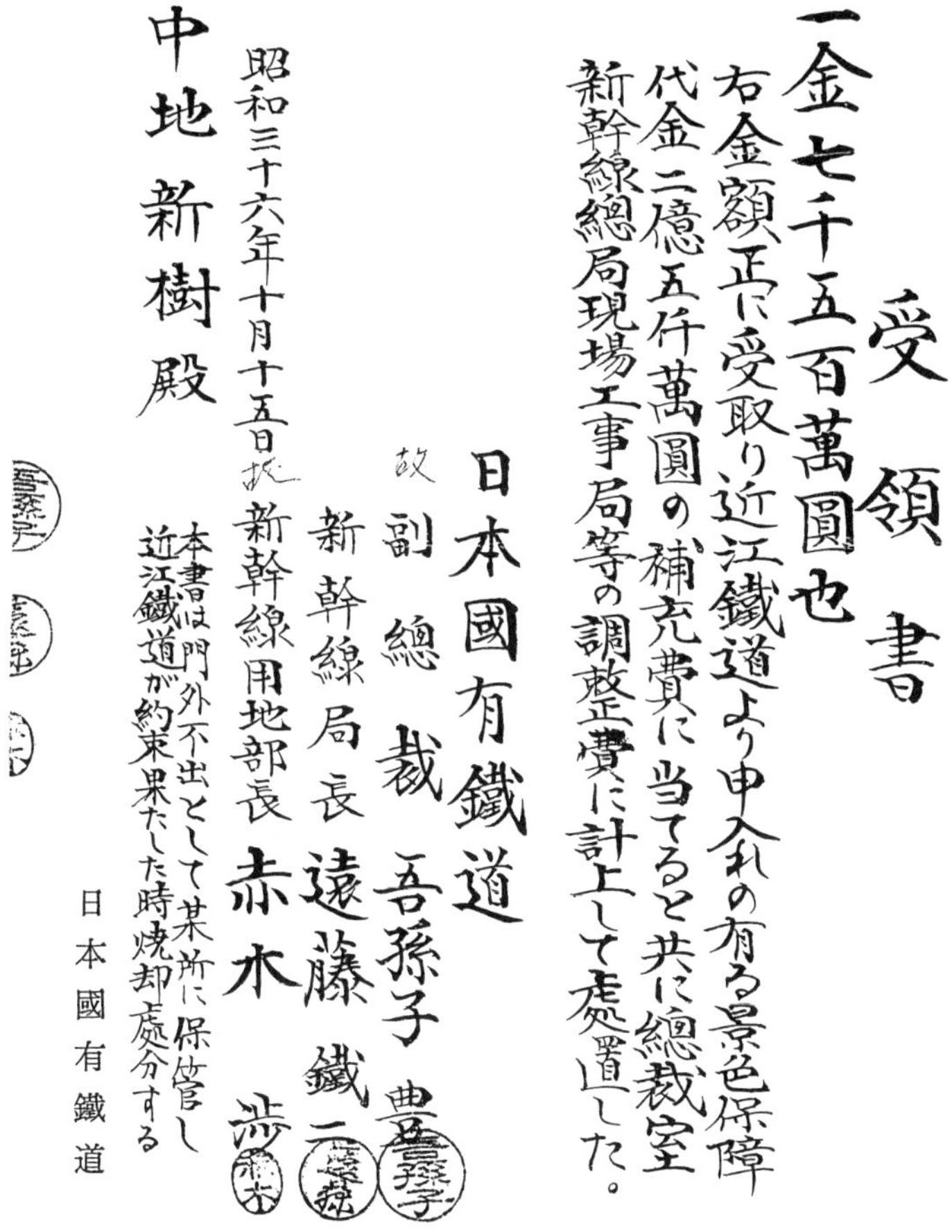
受領書

一金七千五百萬圓也

右金額正に受取り近江鐵道より申入れの有る景色保障
代金二億五仟萬圓の補充費に当てると共に總裁室
新幹線總局現場工事局等の調整費に計上して處置した。

日本國有鐵道
故 副總裁 吾孫子豊
新幹線局長 遠藤鐵二
昭和三十六年十月十五日拔
新幹線用地部長 赤木渉

本書は門外不出として某所に保管し
近江鐵道が約束果たした時焼却処分する
日本國有鐵道

中地新樹殿

近江鉄道と国鉄との間で交わされた「景色保障（景観補償）」の密約文書

ですか、全部あなたの名義で契約してあるが、何の金だと執拗に聞かれたが、大恩の有る方より受けた金で、なんらやましい金でもなければ、盗んだ金でもない、局長に答える必要はないと申して終わりました。後に昭和二十二年以来の友人の鈴木善幸総理の時、塩崎先生に御逢いした際、あんたも仲々固い固い人ですなーとひやかされた事も有ります〉

「塩崎じゅん」とは塩崎潤である。旧大蔵省主税局長出身で、現自民党衆議院議員の塩崎恭久の父親である。

さらに、朝日新聞の記者が訪ねてきたともいう。

〈数年前横浜プリンスホテル開業前、朝日新聞横浜支局の佐藤という記者が私宅に来られ横浜プリンスホテル開業に至る横浜土地物語を書くので、協力して欲しい、色々とうわさを聞いているので協力して欲しいと云われましたが、全部私がやった事で国鉄等にも西武にも何の関係もない、勿論裏金で買った事等触れて居ません。又、近江鉄道に対する景色保障支払いの事等、一切触れずに終わりました。その後も、度々私宅に電話せられ逢って呉れと云われたが、一切触れずに終わらせました。故に、朝日の記事でも西武さんに都合の悪いことは一切報道されていません〉

私がこの〝情報〟に接したのは〇三年夏のことだった。

ホテルオークラの「ハイランダー」で中嶋忠三郎の息子、康雄と話をしていたとき、

「親父はこんなこともしていたみたいだな」

と言いながら、赤判を押した書類を見せてくれた。それが、忠三郎の貸し金庫から見つかった「手紙」と「受領書」だった。

私はそれをその場でコピーさせてもらった。書かれていた住所を頼りに、神奈川、埼玉と中地新樹を訪ね歩き、千葉の団地へとたどり着いたのだ。

取材ははじめ、中地に対してこの「手紙」と「受領書」を入手していることを告げず、そこで触れられていることについて件名のみを挙げて話を聞いた。団地の一室で取材に応じた中地は概ね、この手紙に記された話を展開した。食い違っている点はなかった。

残された記憶だけが、中地の今を支えている。中地もまた、西武の「鉄路開拓」の犠牲者ともいえた。

そして今日もまだ、近江鉄道は東海道新幹線の高架の横を並行して走っている。

土地買収

第二次世界大戦は開戦から明けて一九四〇年、戦況を拡大していた。それまで二大政党として争ってきた民政党と政友会はともに分裂し、大政翼賛会が創立する。イタリア、ド

イツと三国同盟を結び、日米の衝突はいよいよ世界大戦の様相にふさわしく、内外に目に見える速さで不気味にその素地を整えていた。

この年、山梨県の油屋の息子に生まれ、のちに東京電燈から今日の東武鉄道を作った根津嘉一郎が世を去る。「鉄道王」の異名をとった根津が去り、「王位」が空白になったこの年、康次郎は、東京西部に延びる武蔵野鉄道と多摩湖鉄道を合併し、同時に現在の東京・池袋駅前に西武百貨店の原型となる武蔵野デパートを設立した。さらに箱根方面では駿豆鉄道箱根遊船の社名を駿豆鉄道と変更し、西武帝国の中核をなす現在の西武鉄道グループの原型を整備した。新たな鉄道王とならんとするかのような精力的な鉄道事業の統合を進めたのだった。

そして一九四三年、郷里の近江鉄道を買収し、傘下に収めるとともに、旧西武鉄道の株を取得し社長に就任する。武蔵野デパートは帝都百貨店を買収し、さらにその帝国の基盤を固めようとした。

その年の三月十二日に康次郎は突然、小便が出なくなった。一九六三年六月十日に脱稿した自著『苦闘三十年』に自身の口で語った言葉は切迫している。

〈どうしたことか、風呂にでもはいったらでるかもしれないと、風呂にはいってみたが、やはりポタポタ程度にしかでない〉

前立腺肥大だった。

〈時間がたつにつれて、尿意はいっそうはげしくなるがどうしてもでない。下腹は張り裂けんばかりになる。アブラ汗はタラタラ流れる。心臓はどきどきする。もう身も世もあらぬ苦悶の連続である。剛情の私もその苦痛に堪えかねて、夜半に救急車を呼んで病院へ急いだ、当直の医者だけではオイソレとは見立てもつかないし、応急の手当もできない。やっと明けがたの四時過ぎに院長が見えて、導尿管でだしてもらったが、なんとそれが九百七十グラムもあった。まさに膀胱はパンク寸前であった。普通は三百から四百グラムまでというから、約二倍以上もたまっていたわけである〉

当時の医療技術では前立腺肥大の手術は困難だった。尿を出さないと尿毒症を併発して下手をすれば生命の危険もある。

その後九年間近く康次郎は、尿道にグループ会社の東京ゴムに作らせたゴム管を通して尿を排出する難儀ともいえる作業と付き合うことになった。

〈この導尿という大事な仕事は、家内がこれに当った。（中略）それで家内はどこへでも連れていく〉（『苦闘三十年』）

この時期以降、当時まだ戸籍上の正妻ではなかった清二の母親、操は康次郎の傍らに付き添い、多くの場所で写真に収まっている。ときに「妾を堂々と連れて歩くのか」と噂されていたが、その随行の裏に康次郎の尿道に管を通すという役目を負わされていたとは一部のものしか知らなかった。

「操はその性器の先端を口に含んで康次郎の尿をすすり出していた」という顔の赤らむ美談さえ、関係者の間には今日まで残っている。操はこの九年間の看病生活を『病床日記』としてまとめた。主治医はその精細な記録に驚いたというが、残念ながらこの日記は一般の目には触れていない。

尿意をもよおすたびに操を呼び、そして尿道にゴム管を入れ、ときに腫れた尿道から血が滴り落ちる、常人であれば戦意を喪失する状況のなかでさえ、康次郎は事業発展の決意を新たにする。

〈どうせ死ぬときまったら、死の刹那まで働こう。働いて働いて働きぬこう。長からぬ生命を人のため、世のため、国のために使い果たそう。徹底的な奉仕あるのみだ。他人がやれないという仕事を、やってやってやりぬいて、はなばなしくこの世にお別れをしよう〉

そしてついに発病から九年目の一九五二年六月、東京・飯田橋の東京逓信病院で手術に踏み切り、全快する。翌五三年には連続九回目の衆議院議員当選を果たし、衆議院議長に就任する。

この一歩間違えれば死にも至る病と闘っていた九年間が実は、西武グループのもうひとつの柱であるプリンスホテル開業の素地が整えられた時期でもあった。現在、全国に百五十カ所にまで増えたプリンスホテルなどグループのレジャー施設のなかでも、もっとも歴史が古く、同時にその立地と格式においてもっともプリンスホテルのステータスを引き立たせている軽井沢の千ヶ滝プリンス、大磯ロングビーチ、麻布プリンス、高輪プリンス、横浜プリンス、赤坂プリンスの多くは、終戦直後の混乱のなかで病魔に苦しんでいたこの九年間で土地の買収を完了させていた。

プリンスホテルは、康次郎が病魔に打ち克った一九五二年前後から開業が相次ぐ。

昭和二十二年十月　千ヶ滝プリンス、三養荘、万座温泉ホテル

昭和二十八年十月　麻布プリンス、十二月　高輪プリンス

昭和二十九年十月　横浜プリンス

昭和三十年四月　芝白金迎賓館、十月　赤坂プリンス

このうち、とりわけ都心の一等地にある麻布、高輪、芝白金、赤坂の四館の敷地面積は、三万四千三十九坪に上る。このうち、旧朝香宮の邸宅跡だった芝白金迎賓館は、白金台プリンスホテルとして開業する計画が住民の反対運動に押し切られ、後に東京都に売却され、東京都庭園美術館として現在に至っている。

だが、プリンスホテルの開業前にも康次郎は多くの旅館を経営していた。なかには公爵

家由来のものもあり、康次郎のホテル事業はその初期段階から旧家の匂いを強く漂わせていた。

正史『堤康次郎』にはこうある。

〈開発と結びつけて、ホテルの建設は、戦後の康次郎の事業活動の大きな特徴ともなった。すでに戦前に軽井沢の千ヶ滝、南軽井沢、伊豆の大仁温泉など観光地における旅館・ホテル経営に進出していた堤康次郎は、戦後いち早く一九四七年になると、『千ヶ滝プリンスホテル』のほか、伊豆・長岡における三菱の岩崎別邸を買収した三養荘や万座温泉ホテルを開業した。以後も、南軽井沢・晴山ホテルや箱根・湯の花ホテルといった観光地でのホテルを開業する一方、都内で旧皇族・旧華族の邸宅地を活用して旅館・ホテル業の経営を拡大した。国土計画は、二十七年当時で都内においてグリーンホテル（本郷）、旅館・細川（品川・目白）、旅館・松平（四谷）と四つの旅館・ホテルを経営していた。旅館・細川は、いずれも旧細川侯爵邸で、前者が九百十坪、後者が八千四百十八坪あった。三十年代に入って他社に転売されたり、分譲地となった。旅館・松平は旧松平侯爵邸で、敷地三千六百坪、建坪八百五十坪の外国人向け御殿造りの豪華ホテルとして知られた〉

そうした旅館経営から、康次郎は一転、近代的なホテル経営に乗り出す。高輪プリンスホテルが開業する前年の一九五二（昭和二十七）年二月、日米行政協定が結ばれ、日本政府の行政権は大きく回復している。GHQによる本筋の戦後改革のもとで、しばしば統一が図れず、税務処理や土地所有権について混乱した時代は確実に節目を迎えていた。その戦後混乱期にむさぼるように買い集めた旧家の土地や屋敷を、康次郎はいよいよ勢いづく復興・再生の足音のなかで改築し、事業近代化の柱に据えた。

一九四七（昭和二十二）年三月十三日の華族世襲財産法の廃止が、そうした一等地買収の機運をもたらした。再び『堤康次郎』から引こう。

〈ちなみに旧皇族が邸宅地を手放すことになったのは、財産税の支払い問題が生じたからである。昭和二十一年五月二十三日、GHQは『皇族の財産上の特権剝奪に関する五・二一付覚書』を発表し、皇族の一切の特権および課税の免除を含む特典は、すべて廃止されることになった。そこで皇族の財産調査が行なわれ、十四宮家のうち秩父、高松、三笠の直宮家を除く十一宮家が、二十一年三月三日現在の財産にたいして、翌二十二年二月十五日を期日として申告し、一ヶ月以内に財産税を納税しなければならないこととなった。十一宮家とは、東伏見宮、伏見宮、賀陽宮、久邇宮、朝香宮、東久邇宮、北白川宮、竹田宮、閑院宮、山階宮、梨本宮であり、二十二年十月十三日には翌日をもって十一宮家五十一人が『臣籍降下』（皇籍離脱）することが決定した。そして、皇籍離脱にともない、軍籍にあった十一人を除いた四十人にたいして、総額四千七百四十七万五千円の一時金が支給さ

れることとなった〉
華族・皇族といえば聞こえはいいが、その実は広大な土地や年代ものの美術品があるものの、現金収入はほとんどなく、その台所事情は元来、聞こえほど豊かではない。そこにきてこれまでの免税特権を失い、不動産資産に課税されることになった。土地屋敷が広ければ広いほど、それが裏目に出る。皇籍離脱で支給された一時金では、とても莫大な財産税は賄いきれない。
ここで康次郎は窮地に陥った宮家に手を差し伸べた。そのやり口は様々だった。中嶋忠三郎の息子、康雄が父親から聞かされた話によれば、ときにそれは陰湿で計画的だった。
「納税日が近づいてくる宮家にまずカネを貸すんだ。向こうは現金がなくてカネをつくるのにヒーヒー言っているからすぐにありがたがって飛びついてくる。そして、返済期限を土曜日に設定する。無事に納税も終わり、財産を処分したりして康次郎に返すカネをつくって返しに来る。そうすると、康次郎は居留守を使っていないと言うんだそうだ。それで使いの者もやむなく引き揚げる。そして月曜日に再び訪れると、すでにその朝早くに抵当権を設定してあった土地の登記が康次郎のものになってしまっていたらしい。康次郎は何度かこういうやり方を繰り返していて、それを知ったうちの親父はそれだけはやめろ、と強くたしなめたそうだよ」

返済期日に誠実にカネを返しに来た宮家に居留守を使い、日曜日を挟んだ明くる月曜日の早朝には抵当権を実行してしまうというのだ。果たしてそのような単純なやり口で、多くの宮家が次々にコロッと騙されつづけたかどうかは疑問の余地はある。しかし、土地の獲得に執念を見せる康次郎ならばこその逸話ともいえる。

さらに、自らの現金さえ移動させずに土地を購入するテクニックもあったという。セゾングループの財務処理を古くから知る人物が簡明に解説する。

「たとえば自治体や国に土地の一部を買い取らせるという方法も使っていたんです。これは堤の現金を動かさずに、土地を買った相手に確実に購入費を支払えるという画期的なアイディアだったんですよ。高輪なんかがいい例です。新高輪プリンスホテルの横には何がありますか。衆議院の議員宿舎がありますでしょ。あそこも昔は宮家の土地です。堤は大きな土地を買って、その一部をたとえば衆議院など国に売るわけです。そして土地購入の宮家への支払い期日内に国や自治体から入ったカネを、宮家に対する支払いに充てる。そうすると、自分のカネは一円も動かさないで土地も購入できるし、支払いもできることになるんです。高輪プリンスホテルだけでなく、たしか赤坂もそうだったはずです」

肯ける点も多い。こうした、巷間伝わる康次郎の土地買収のテクニックは、まんざらよもやま話としても片づけられない。正伝『堤康次郎』にはこうある。

〈康次郎が買い入れた土地の敷地面積および購入価格について判明しているものをあげれば、次のようである。朝香邸（港区芝白金町）が九千二百五十四坪で坪当り価格七百円、竹田邸（港区芝高輪南町）が約一万坪で三千五百円、北白川邸（港区芝高輪南町）が約一万二千坪で八千円であった。なお、朝香邸については、その後、昭和二十七年二月に約五百六十坪、三十年十二月に約二百二坪が買い入れられた。支払い条件を北白川邸の場合についてみると、内金五百万円、中間金一千万円、残額は支払い猶予金として年一割の利息を支払うという方法をとっていた。そして北白川家の職員の就職について、西武鉄道などで採用を考慮する旨の一項目が入っていた〉

同時並行で多くの土地買収を進めていた時期でもある。さすがに即金で払う余力もなかったのかもしれない。しかし非公式の話として伝わっているように、土地の一部をさらに転売し、それを所有者への支払いに充てれば帳簿上の資金繰りには効果がある。そのやり方ならば、資金余力のない段階でも新たに土地の買収を行うこともできる。ただ、その土地の転売がうまくいかなければ行き詰まってしまう危険のある、まさに自転車操業の図式そのものといえる。

こうした土地の購入には国土計画興業ではなく、むしろ西武鉄道が主体となった。そして、土地の登記について、『堤康次郎』にはさらに微妙な記述がある。

〈そして、買い入れた土地は西武鉄道の所有地とし、開発した（所有権の移転登記は、一部を除いて康次郎の没後になされているものが多い）〉

旧宮家の土地の買収はほとんどが一九四七（昭和二十二）年を境に始まり、五三（昭和二十八）年には次々とその土地を利用したプリンスホテルの開業ラッシュが始まっている。このことを考えると、康次郎の没するまでの十五年以上にわたり、土地の移転登記を寝かしておいた事実は意味ありげである。

〝大番頭〟中嶋忠三郎の著書『西武王国』のなかで「堤が十五年かけた相続対策」とする一節が、重みを増す。

〈堤は、正式な個人の遺産というものを徹底的に少なくした。（中略）堤は財産の殆どを法人名義と株にしていた。土地にしても、堤個人の名義というのは微々たるものであった。堤が苦心したのは、個人名義の財産をいかに少なくするかということと、それを法的にいかに通用させるか、ということであった。しかし、脱税になっては困る。税の方面は私ではなく別の専門家がやっていたが、脱税にならないようにと苦心していた〉

それにしても、いったいなぜ康次郎は宮家の土地買収にこれほどまでに没頭したのだろうか。

後年、義明が天皇の皇女との血縁成立を目論んでいると報道されたとき、皇室との縁に堤家が強い執着をのぞかせているように映った。確かに、考えようによれば降って湧いた免税特権の剝奪と、皇籍廃止、土地屋敷への課税など金策に困った宮家の危急存亡のピンチを救ったのは康次郎なのだ。

西武鉄道は、戦中の一九四四（昭和十九）年から五三（昭和二十八）年までおよそ十年間にわたって、東京都民のし尿を郊外に運ぶ役目を負っていた。都の清掃事業として糞尿車をつくり、都民のし尿を秩父方面の農村地帯に肥料として運んでいたのだった。康次郎は輸送用の専用タンク車を百五十輌つくり、西武鉄道の沿線にタンクを置き、人気《ひとけ》のない深夜にこの「黄金列車」を走らせた。

偶然ではあろうが、一九五三年に糞尿事業に終わりを告げたと同時に、都心のプリンスホテルは開業ラッシュを迎える。

前出の『苦闘三十年』のなかで、康次郎は「まえがき」にこう記している。康次郎の著作にはほとんど現れることのない珍しく叙情的な言葉である。

〈山頂の巨岩に亭々たる老松が、根をはり、天日を呼び、風雪にあらがってそそっている。その松が一粒の実であったとき、岩上に落ちてなんたる不運だとあきらめてしまえばそれまでのこと。しかし、落ちた岩の割れ目にじっと耐え忍んでいると、そのうちに自然のしめりと光の中から芽をだし葉もでて根をはる。やがて岩もくだけて土となり、遂に亭々たる老松となって風雪を凌ぐ。人生行路は波瀾多く苦難もまた多い〉
〈やがて岩もくだけて土となり、遂に亭々たる老松となって風雪を凌ぐ〉
康次郎はいくら積もうと買うことのできない「歴史」を欲していたのかもしれない。

第四章　義明という男

独裁者の歪み

「あんなワンマンは見たことねーよ」

坪内嘉雄はソファーに身を沈め、そう言って呵々《かか》と笑った。

坪内はかつて経済系出版社「ダイヤモンド社」の社長を務め、現在、戦前から今日までの企業経済史を系統立てて体験として語ることのできる貴重な証言者のひとりとなった。

義明、清二の両兄弟とも親交が深い。坪内の藍綬褒章《らんじゅほうしょう》受章を記念したパーティーは、この二人が発起人となった。


「もう十年ぐらい前だったかな……」

いまだ鮮明に蘇る凄まじい光景がある。

ある日、坪内は義明との面会のため東京・原宿にあるコクド本社に出向いた。

義明に応接室のソファーをすすめられ、歓談を始めようかという矢先、若い女性社員が盆にお茶をのせ入ってきた。その女性はまず義明の前に茶碗を置き、次いで客人である坪内の前に茶碗を出した。

その瞬間――。

バーンという音とともにテーブルの上にあった茶碗はきれいに消え、部屋の壁に飛んでいた。

客人である坪内にではなく、自分に先に茶を置くとはどういうことなのか。義明の怒りは瞬時に沸点に達し、それを言葉でたしなめるでもなく、無言のうちに暴力で示したのだった。

「若いときからずっと変わってないよ」。義明がグループの全役職から退き、メディアがコクド・西武グループの話題で連日賑わいを見せていた二〇〇四年十二月一日、都内の事務所で坪内は懐かしそうにそう語った。

坪内のそんな体験を前にしたとき、コクド・西武グループの元役員らの怯えがにわかに説得力を増してくる。

西武の取引企業の間に伝わるこんな逸話がある。

ある平日、西武グループのゴルフ場でグループ企業の役員が取引企業の幹部を接待していた。そのさなか、にわかに上空が騒がしくなった。すると、とたんに西武グループの役員に落ち着きがなくなり、上空をきょろきょろとまるで子どもが無邪気に空を眺めるように首を振り出した。バラバラとヘリコプターが空中でホバリングする音が近づいてくる。

そして、ヘリコプターがコース上空に姿を現した。そのとたん、ゴルフクラブを放り出しただけでなく、接待相手の企業幹部に言葉もかけず、西武の役員は林に逃げ込んだという。ヘリコプターはほどなく上空を去り、役員は林の中から窺うようにコースに戻ってきた。

「いや、会長に見つかったら平日に何をやっているんだと怒られてしまうものですから」

唖然とする企業幹部を前に、そう弁明したという。いい歳をした大人たちをここまで震え上がらせる義明という存在に、接待されていた側の企業幹部らが理解不能の感を強めたのは間違いない。

その無邪気なほどの怯え方を見れば、巷間伝わるように「役員会で義明が部下を殴った」「ゴルフクラブで殴りつけた」といった話は真実味を増してくる。

坪内が「あのワンマンは昔から変わらない」と言うように、義明は若いころから康次郎の代からの古参役員たちをも呼び捨てにし、時にこき下ろし、罵声を浴びせて叱責するほどの強いリーダーシップを発揮していた。そうした恐怖統治の下で、義明の決断なくしては箸の上げ下ろしさえもままならないのが西武グループだといわれる。

〇四年三月の総会屋、芳賀竜臥への利益供与事件発覚後も、義明は長く会見にも登場せず、そしらぬ風を装っていた。総会屋に対する数億円単位の取引であったにもかかわらず、「すべて戸田に任せてあった」の一言で、投げるように西武鉄道の会長を辞めてみせることでふてぶてしく会見場を去ったのだ。

「栄誉のみ我が手に。不遇は部下に」。まるでそんな王道を地で行くような義明の経営スタイルは、現在でも実に見事に西武グループにおいては浸透・徹底されている。

不遇を託《かこ》ってなお義明を守りぬく様、そこに呼吸を合わせる部下たちには、驚きを禁じえない。

だがそれは、あくまで日本だからこその話だといえる――。

「義明が数年前に人種差別発言をして、ハワイの裁判所に訴えられたことがある。コクド内部では知られた話だが、日本ではほとんど報じられていない事件なんだ」

私がコクド関係者からそんな話を聞き込んだのは、〇三年四月のことだった。それが本当だとしたら、日ごろメディアの前にほとんど姿を見せたことのない義明の人格の一面を垣間見せる逸話だと思い、好奇心をかき立てられた。

手がかりとなる情報は、訴えたのがハワイ島に住むロバート・クーパーというアフリカ系従業員だったということだけだった。

インターネットを使ってハワイ州の裁判記録にアクセスして二つのキーワードで検索をかけると、それはすぐに見つかった。キーワードは単純なものだ。

アルファベットで「Yoshiaki Tsutsumi Robert Cooper」と二人の名前を入れて複合検索を試みたのだ。

義明がクーパーから提訴されたのは二〇〇〇年一月のこと。訴状には詳しい顚末が記されていた。

事件はハワイ島、マウナ・ケア・リゾートに九四年に開業した西武グループが所有するハプナ・ビーチ・プリンスホテルで起きた。

アフリカ系アメリカ人のロバート・クーパーはホテル開業とほぼ同時期に採用された。ハプナ・ビーチ・プリンスホテルには、会員制でVIPに利用が限られているハプナ・スイートと呼ばれるホテルとは別のハウスリゾートがある。コテージがすべて貸し切りで、白い砂と碧い海が広がるプライベートビーチに面している。一般の観光客はまったく入れない完全なVIPリゾートである。このVIP専用の部屋でのもてなしのいっさいを任されていたのが、経験豊かな執事のロバート・クーパーだった。

クーパーがそれまでにこのハプナ・スイートでもてなしたVIPには、英国のアンドリュー王子を筆頭に、ハリウッド俳優のマイケル・ダグラス、エディー・マーフィー、映画監督のジョージ・ルーカス、ジェームズ・キャメロン、女流作家のダニエル・スティール、そして世界的にも知られる名門劇団『シルク・デュ・ソレイユ』の創業者であるギ・ラリベルテなどがいた。

クーパーはこうした世界的VIPのもてなしに心血を注ぎ、それを誇りに思っていた。そして、このハワイの超VIPルームを、オーナーの義明もいく度となく利用していた。

ところが、義明が妻や親しい仲間を伴って宿泊するときに限って、クーパーは執事としての担当を外されていたのだ。

クーパーを擁護するホテルの関係者はこう話す。

「勤務時間は、宿泊客の要求が激しいと一日に十八時間にも及ぶことが少なくなかった。だが、彼は高級料理の給仕や観光ツアーの手配と交通手段の確保、その他諸々の個人的サービスを献身的に行い、このスイートの名声の確立に大きく貢献しました」

しかし、この功労者でもある名執事のクーパーへの義明の扱いはひどいものだった。

「堤氏は自分が滞在する時は、日系人の執事にこだわりました。その際、クーパーは出勤しないほうがいい、とまで言われました。また、スイートの販売促進用ビデオにはクーパーの代わりに白人を起用していたんです」

クーパーはガンを患ったことで脚に障害があった。

義明による嫌がらせで不当解雇されたクーパーは、人種と障害の二つの差別だと主張し、地位保全と損害賠償を求めて、義明と西武の現地法人をハワイ州第三巡回裁判区裁判所に提訴したのだ。訴状には、義明が黒人蔑視《べっし》の発言をしたとも書かれていた。

当初、全面的に争う構えを見せていた義明だったが、結局は和解の道を選択した。その金額は百万ドル以上だったという。

この話がコクド関係者の間で知られていたのは、駐日アメリカ大使館を通じて義明の証人尋問の要請があったからだ。西武グループの元幹部がささやく。

「最初は東京のアメリカ大使館に出頭するようにということでした。そこで証人尋問をしたいということだったんです。でも、それはあまりに目立ちすぎるし、メディアの目にも触れるということで、大阪の領事館でやることで調整しました」

義明が六十六歳の時の話である。彼の年代ではいまだ外国人アレルギーが強いのかもしれない。しかし、アメリカでは人種や障害に関する発言や待遇については過敏なほど注意を払わなければならないのは、もはや西武グループほどの規模を誇る企業にとっては常識的範疇のはずである。

義明はハワイでは「ミスター・オーナー」と呼ばれていたという。日本人従業員を叱責し、胸先三寸で人事のすべてをも決定するといわれる義明流の恐怖統治に、思わぬところで反撃の火の手が上がったかたちとなった。二十三歳での国土計画興業の代表取締役就任以降、おそらく長い経営者人生のなかで思わぬ陥穽《かんせい》にはまったという気分であっただろう。

義明の異母兄弟となる清二が作家名で書いた小説『父の肖像』のなかで、義明と思われる人物は、折に触れて、滑稽なほどに父親の康次郎に従順で、そして人一倍猜疑心《さいぎしん》の強い人間として描かれている。

その義明の人格形成には、正妻の子ではなかったという複雑な生育環境があると指摘する声は以前からある。しかし、壮年期における言動までをすべからく幼少期の家庭環境に起因するものと結論づけるのは危険でもある。熟年とは、経験要因が大きくその人格形成に影響する段階でもある。六十六歳にして、アメリカで人種差別で訴えられた事実は、不注意だったということでは言い訳が成り立たない話にも聞こえる。

正妻と妾の子、さらに愛人関係が複雑に入り組んだ康次郎の血を引く義明が、まさにその親譲りともいえる手腕を発揮するのが自らの愛人関係である。

義明には、しばしば「第二夫人」とも「第三夫人」とも呼ばれる、正妻とは別の女性と築いたもうひとつの家庭がある。

彼女はコクド内部では密やかに「荻窪第二夫人」と呼ばれている。

荻窪第二夫人と呼ばれるのには訳がある。彼女がかつて荻窪税務署の近くに住んでいたためだ。義明とのなれそめは、昭和四十年代、銀座六丁目にあった「徳大寺」という小さなクラブだった。

当時の客の話では、店は繁盛していた。

「店はビルの四階にありましてね、広さは僅か十三・五坪でした。それでも連日、大盛況で、ラッシュアワー並みでした。何しろ、店に入り切らない客は、席が空くまで同じビルの二階にあった喫茶店で待機していたくらいでしたから」

客単価はそのころでも一人あたり四～五万円。

「ママは徳大寺美瑠といって『朧夜の女』『花籠の歌』などの代表作で知られる二枚目俳優の徳大寺伸の娘だった。彼女は才覚があって女の子を連れてくるのが上手かった。それも、他の店でホステスをやっているような娘ではなくて、素人の娘を自分でスカウトしてきた。店から芸能界に巣立っていったホステスに俳優の中村雅俊と結婚した五十嵐淳子や風吹ジュン、安西マリアがいました」

当時の常連客がこう続ける。

「堤さんが見初《みそ》めたホステスは源氏名をマサヨさんといったな。身長が百六十二、三センチくらいですらっとしていた。身体は細身だったけど、顔は色白でぽっちゃりしてて。弥《み》勒菩薩《ろくぼさつ》みたいだった。しっとりと落ち着いた深窓の令嬢といったタイプの女性で、芸能界入りした三人と比べてもまったく遜色ない美人だったね」

この店の常連には、清二や梅宮辰夫、山城新伍、巨人の柴田勲など芸能界からスポーツ界、財界までの有名人が名を連ねていた。

だが、マサヨは義明の目に留まるやアッという間に落籍されていったという。

客の間にはその時のこんな話が伝わっている。

「その際、堤さんは芸者や舞妓の身受け料に相当するお金を店に払おうとしたそうですが、ママは断ったそうです。でもママも後から『堤さんは大金持ちだからもらっておけばよかった』と笑っていましたけどね」

ところで、義明はそのころ、すでに由利という女性と結婚していた。つまり、マサヨを愛人として身受けしたことになるが、そのマサヨに対する扱いは格別だった。

かつてマサヨの髪を結っていた美容師が話す。

「マサヨちゃんは、顔がぽっちゃりしていたから髪を引き詰めるのがとても似合っていました。ただ、印象的だったのは彼女、言葉が少し訛《なま》っていて、わたくしというところがあらくしーと聞こえるんです。堤さんは当時、まだ二十歳くらいだったマサヨちゃんのために高輪プリンスホテルの最上階ワンフロア全部をあてがったそうです。そこで、彼女専任の秘書をつけ、英会話や身だしなみ、上流社会の教育を受けさせたと聞いています」

「もう、いつごろだったか記憶もあやふやですが、アイスホッケーの試合をテレビで観ていたら、堤さんが映って、その横にマサヨちゃんがいました。愛人としてただ囲われているのではなくて、そうした場所にも彼女は連れていってもらえたんですね。本妻も公認だと聞かされましたから」

「実は、マサヨちゃんに頼まれて彼女の六本木のマンションに出張して最後に髪を結ったのが私でした。終わって帰ろうとしたら男性が一人で迎えに来ていました。それが堤さんでした。それを最後に彼女はあらゆる縁を切ったんです」

愛人への面倒見のよさは康次郎譲りである。愛人を公の席に同伴するあたりの度胸もたいしたものだ。康次郎も昭和二十八（一九五三）年、衆議院議長時代に、皇居での天皇拝謁に当時まだ籍が入っていなかった清二の母親、操を同伴していたことが発覚し、一時騒がれたことがあった。

実は、義明は見合い結婚である。それも相手の由利は大企業のオーナー令嬢でなく、三井物産の商社マンの娘だった。康次郎が親しかった政治家などからの縁談の申し出もあったというが、康次郎も自身の奔放な女性遍歴に照らしてか、家柄がどうのといったことには頓着しなかったようだ。

しかし、薦められるままに従った見合い結婚に、義明は微妙な息苦しさを感じていたのかもしれない。本能に従った恋愛関係をまっとうしたいという思いは誰にもあるものだ。マサヨと親しかった美容師は、すでに大きな財を手にしていた義明自らが人目を憚《はばか》らずにマサヨの許に迎えに現れる姿を見て、感動さえ覚えたという。

康次郎時代からの老壮の役員を呼び捨てにし、ときに鉄拳制裁をくわえ罵声を浴びせるとさえいわれる義明だが、愛人に対してはいたく優しかったのだろう。

ともすれば、愛人といえども日陰の身に置かれることの女の寂しさを誰よりも分かっていたのは義明だったかもしれない。

義明が正妻・由利と結婚した若き日の華燭の典に、母・恒子は出席を許されなかった。すでに康次郎は他界していたが、堤家の未亡人は清二の母・操であった。康次郎が死してなお、恒子の人生はままならなかった。

イギリス人ジャーナリストのレズリー・ダウナーが九六年に出版した『血脈　西武王国・堤兄弟の真実』（徳間書店）は、康次郎から続く堤家の血の混乱を丹念に調査した貴重な書物だ。オックスフォード大学を卒業後、ロンドン大学でアジア研究に携わったダウナーは七八年に来日し、十六年かけて完成させたのが、この『血脈』である。当初、九四年に英国で発売された。

今日この本は、メディアのインタビューを受けることもほとんどなく、その素顔が表にさらされることのない義明と清二の神秘のヴェールを読み解くバイブルのようになっている。堤一族と西武を語ろうとするジャーナリストのほぼ全員がこの本に多くを依存していると言っても言い過ぎではない。ダウナーが日本語版の「あとがき」で、清二に対する直接の謝辞を述べているところから、清二が取材に協力した貴重な記録ともいえるだろう。

その『血脈』に、〝屈辱の典〟の様子が描かれている。

〈……皆あまり料理に手をつけなかった。黒い羽織袴を着た義明は、堅苦しい表情で絶え間なくお辞儀をして客を迎えた。新婦は高価な絹の着物を幾重にも纏い、その上に赤や金糸の刺繡で豪華に飾られた打掛けを羽織った、伝統的な花嫁衣裳姿だった。その後新郎新婦は、モーニングと床を優雅に引きずる純白のウェディングドレスにお色直しをして、ケーキ入刀に臨んだ。

それはすさまじいまでの富と権力の顕示であり、堤一族の新しい指導者のお披露目であり、またこれに対し来賓が敬意を表する場であった。西武王国の中心的存在で若すぎる弟の摂政でもあった清二が出席したことは、疑う余地がない。しかし、義明の旧友たちは、この席になくてはならない人物が欠けていたことを見逃さなかった。来賓をお辞儀で迎え感謝の挨拶をしたのは、操だったのだ。小柄な彼女は黒い礼服の着物に身を包み、にこやかに『会長が生きておられたら、どんなにかお喜びだろう……と、このひと言に尽きます』と述べた。

恒子は一人家に残されていた。戸籍上は、義明は康次郎の正妻の操の三男となっていた。たとえ実の息子の結婚式といえども、日陰の女の出る幕ではないのである。

（中略）

彼は天皇ではあったが、実母を結婚披露宴に出席させる力さえもなかった。たったひとつの慰めは、由利との結婚を母親が喜んでいることだった。その由利を選んだのは恒子だった。

（中略）

だが義明でさえも実母の身分を変えることはできなかった。操は正妻として公式行事に出席し続けたが、康次郎の死後、義明はなるべく恒子を喜ばせようと心がけた。自分が育った高樹町の質素な木造の家を、彼女のために大きく立派に建て直した。彼女は晴れて髪にパーマをかけ、鮮やかな色の洋服を着て友人たちを訪ねる時間が増えた。

だからといって、悲哀が拭い去られたわけではない。義明の結婚式当日、彼女は友人に電話をかけ、「あの子を産み、育てた私がどうして出てはいけないのよう」とむせび泣い

ていた〉

ところでその義明には、奇妙な行動癖があったという。前出の坪内嘉雄にもその詳しい理由は分からない。

「不思議なんだが、義明の面会場所は二種類あるんだよ。天候によって面会場所が変わるんだよ。晴れているとコクドの本社で、雨だとどっかチェーンのホテルがいつも指定されてくるんだ。たぶん晴れの日しか会社には出ていかなかったからかもしれないな。でも理由はわかんねーな。いっつもそうだったよ。晴れの日はコクドで、雨の日はホテル」

天の向くまま、気の向くまま。そんなワンマンぶりを地でいくエピソードである。

ただ、どんなワンマンにも情と涙はある。外からはうかがい知ることのできない涙を堪えて、義明も生きてきたことは間違いなかった。

なお、ロバート・クーパーとマサヨに関する話は、私と他の記者との共同取材に基づく「週刊新潮」〇三年四月十七日号と同年五月一・八日号の記事に、それぞれ加筆して再掲載した。

手籠《てご》めの血脈

堤清二こと辻井喬の小説『父の肖像』に、意味深い記述がある。新幹線の駅予定地の買収で、警察の調べが堤康次郎ならぬ「楠次郎」におよびつつあり、捜査の手をどうかいくぐろうかと身内や側近で謀議を企てている場面である。

義明と思しき人物が「清明」という名で登場する。

〈次郎の頭のなかに、恭次ではなく清明にこの問題を処理させるのはどうだろうという考えが浮かんだ。彼は基幹会社の幹部のなかに清明を引き立てようとする自分の姿勢に抵抗感があるのを知っていた。この際、高島を救う手柄を立てれば、その抵抗感も薄まるだろうと、次郎は内心大いに狼狽しながらも、ただでは引退らないしぶとさを見せた。

次郎は手を拍って秘書の甲斐田に清明を呼ばせた。いつもの癖で走って次郎の部屋に来た清明に、次郎は奈間島から事件の概要を説明させ、

「高島はよく頑張っている。彼を助けてやりたいから、お前、奈間島君と一緒に警察庁に行って来い。そういう経験も悪くないぞ」

と命じた。

しかし清明は顔色が変って、

「僕が警察に？　いやそれは駄目です。この前のこともあるし、私は法律の勉強もしてい

ませんから不向きです」

と必死な面持ちになった。清明は半年ほど前、強姦未遂事件で訴えられそうになって、次郎が金を使って揉み消すということがあったのだった。

次郎は内心、臆病者がと舌打ちしたが、

「そうか、それほど厭なら無理に行かんでもよい」

と言い、奈間島の、

「まあ、好きで行くところでもございませんですからね」

と、半ばお追従の響きのある発言でこの話はなかったことになった〉

なんと「清明」が強姦未遂事件を起こしていたというのである。

この『父の肖像』に出てくる時系列や登場人物のエピソードそのものを「ほぼ真実」と筆者である清二自身が語っている。ここに登場する「奈間島」とは顧問弁護士だった中嶋忠三郎のことらしく、この引用の前後に展開されている話も、当時の状況をほぼ忠実に再現している。はたしてこの強姦未遂事件は事実なのか、フィクションなのか……。

康次郎が女性をモノにする方法は、その多くが「手籠め」同然だったという。

清二の母方である青山家の姉妹数人を次々とものにし、「女というものはな、できてしまえば離れんものさ」と事業家なのかジゴロナンパ師なのかわからない言葉を放つ康次郎は、やっと手に入れた操を措《お》いて、すでに次の女性に手を出していた。

義明の母、石塚恒子である。

〈ところで康次郎は、拓務政務次官時代の昭和八年に、歯科医師出身で同じ衆議院議員であった石塚三郎の娘の石塚恒子と知り合った。そして康次郎が病気になる前に、彼女を母として義明（昭和九年五月生）、康弘（同十二年十月生）、および猶二（同十七年二月生）が出生した〉（『堤康次郎』）。

恒子の父、石塚三郎は大正十三（一九二四）年の第十五回総選挙で当選した衆議院議員だった。この選挙で、康次郎も郷里・滋賀から立って初当選している。

選挙に出る前の石塚は地元の新潟で歯科医院を開業していた。当選後は歯科医師法の議員立法に携わったほか、新潟歯科医師協会会長を務めるなど歯科医学の分野で貢献した。

康次郎が妻として、そばに置いた文、操、恒子に共通しているのは、実は理系の学者の血が流れているという点だった。家政婦から国会議員の娘まで、見境なく手をつけているように見える康次郎も、実は血統を重視し、「遊ぶ女」と「血を分ける女」をきちんと峻別しているかのようである。ただ、「遊ぶ女」には子どもを産ませないかといえばそうではなく、「死後、広尾の屋敷の前に幼子の手を引いた女たちが列をなした」（元衆院議員・

山下元利の元秘書）という節操のない結果になってしまったのである。

恒子の〝手籠め〟証言はさまざまあるが、ここではジャーナリスト永川幸樹の『野望と狂気』（経済界）を引こう――。

〈上京して山脇女子専門学校に進んだ恒子は、父の事務所でお茶汲みの手伝いをしているうち、康次郎に目をつけられたものだが、恒子もこれまた旧家のお嬢さんである。操同様、おいそれと簡単には落ちなかった。しかし、そこはそれ、そんな時には他の女性と時間を稼ぎながら、じっくり時間をかけて落とすのも彼の一つの手法であった。康次郎は〝速射砲〟の名手とまでいわれた男であるが、耐えるべき時はちゃんと耐え、時期を待ったのである。ことに子供を意識的に生ませようと思った女性には、ことさらこの点にも配慮したようで、時として、別人ではないかとはた目に思わせたほどだ。かといって、恒子が、最後は操のように自ら身を任せたかというとそうではない。当時を知る人の話によると〝手ごめ〟同然だったという〉

このころ、康次郎の事業は軌道に乗りはじめていた。西武グループの初期の事業の変遷は、康次郎の自宅の転移をみるとわかりやすい。新興成金の如く目白に邸宅を構えていた事業初期、第一次世界大戦後の不況の余波を受けて借金苦に喘ぎながらも再興を図る下大崎時代、そして事業が軌道に乗って一気に上昇傾向に入った広尾の後半生期と、あからさまなほどに事業の波と自宅の立地が嚙み合ってくる。

方々に散っていた子どもたちを広尾に呼び寄せたことは、経済的にも余裕ができていたことを意味していた。そして、清二が広尾に移ったその二年後、石塚恒子の子である義明ら三人が広尾に呼び寄せられた。

セゾングループが編纂した『堤康次郎』にこう書かれている。

〈太平洋戦争が始まる昭和十六年春に、康次郎は操と清二、邦子に事情を説明し、のちに石塚恒子の三人の男子を麻布広尾の邸宅に引き取り、堤家に入籍した。かくて康次郎は、戦争末期に恒子たちを疎開させた一時期を除いて、母親の異なる五男一女を同じ邸宅で養育することとなった。第二次大戦前は、戦後とちがって男性とくに成功した実業家の女性にたいするモラルは、一般にそれほど厳しいものではなかった。だが、それでもこうした家庭は、かなり異例に属するものであった。〉

正伝『堤康次郎』でさえ、「異例に属する」と表現しているその様はたしかに常人の理解を超えるものだったであろう。入り乱れた若い血が、ひとつ屋根の下で幾重にも交錯するのだ。子ども心に「付かず離れず」の複雑な距離感に悩んだに違いない。無邪気さで超越できる限界を超えた異常さだったに違いない。

「堤家に入籍」といっても、この時期も一貫して、戸籍上の正妻は文である。その文は広尾にはいない。妾の操が本妻のように振る舞い、康次郎に寄り添っている。その屋敷からわずか数百メートルの近所に建つもうひとつの家に、母と子、恒子と義明は住んでいた。

義明よりも七歳年長の清二はまもなく東京大学経済学部に通い、後に文学部に学士編入し、好奇心の赴くままの勉強をしていた。そして、一九五二（昭和二十七）年からは康次郎の議員秘書を務め、康次郎が衆議院議長に就任した翌年には秘書を辞めて西武百貨店に就職している。

正妻である操の子の清二と、妾・石塚恒子の子である義明との血の葛藤を、二人の母親のバランスの歪みに帰結させようとする書き物は多い。しかし、実態としては〝正妻〟の操も晩年まで戸籍上は、康次郎の籍には入っていなかった。

康次郎が長らく戸籍上の妻だった文と、そのかたちだけの結婚生活を解消したのは一九五四（昭和二十九）年七月のこと。八百万円という当時としては高額の慰謝料を払った上での離婚だった。そして同年七月にそれまで妾の一人であった青山操を入籍する。清二がいわゆる正妻の子になったのはこの時点であり、すでに二十六歳になっていた。いい年になるまで清二も義明もともに「妾の子」という同格にあったのだ。

康次郎の人生において性欲と事業欲は互いに連動し、両者は歯止めの利かないものだった。清二のように文学者として「綴る」という表現方法を知らない義明の、青年期の心境の変化をうかがうことは困難を極める。

その多くは常に、外側からの間接証言と推測でしかない。

そこにはやはり操と恒子という、康次郎の死後に残された二人の〝正妻〟をめぐる閨閥の確執が基底をなしていたことをうかがわせるエピソードがある。

上之郷利昭による『西武王国　堤一族の血と野望』（講談社）にはこうある。

〈堤義明には二つの顔がある。

目立たず、おとなしく、自然の中に居るのが好きだった少年時代。

独裁者の如く君臨し、野望に満ちた青年時代以降の顔。

麻布学園から早稲田大学への間に起こった豹変とも呼ぶべき変化の背景には後継者問題がある。父康次郎から西武王国の後継者として指名されそうだという確かな感触を得たあたりから、無口で心やさしい青年が強烈な個性のリーダーへと変身している。

彼の内面にそれだけ激しい変化をおこさせたものは何だったのだろうか。

何人かの証言にその『何故』を求めると、彼の母石塚恒子の顔が浮かび上がってくる。

麻布時代からの義明の親友の一人はこう語っている。

「石塚のお母さんは義明君がいたから二号さんという立場を我慢してきた。義明君は操さんをたえずたててきた母の姿を見てきたわけです。誰だって、自分の母親の期待に応えなければと思ったと思います。石塚姓を名乗る母と、父との関係は自分がいることで成り立っていたということを義明君は自覚していたんです。

そして、康次郎さんが義明君のことを気に入って、〝将来は後継者に、といってくれている〟とお母さんが喜んでいるのを知っていましたから、父親に刃向かうことなどできなかったんだと思います。義明君の願いは、後継者になってお母さんの夢をかなえてあげることだった。お母さんは自分の青春を、子供たちのために、と耐えてきたわけですから。

これはあくまでぼくの想像ですが、中学時代からの彼を見ていて、そう思うんですよ」〉

母親である恒子本人が語らずとも、多感な少年期は自然とそこに漂う悲哀と屈辱を感じ取るものである。

広尾の屋敷には操と清二、その妹の邦子が住み、義明たち三人の兄弟は母親と離れ離れになっている。清二が自著で繰り返し「綴る」ように、義明もまたその境遇の不自然さと距離を感じないはずはなかった。清二と義明はその意味で、同じ心象風景を共有していたといえよう。

それぞれが母親の不遇の時代に報いたいと思うのは当然の思いやりであり愛情でもあった。そしてその気持ちは、コクド・西武グループの事業をどう引き継ぐかという問題にもなってくる。ただ帝国の「主」に座りたいという根拠のない権力欲の問題ではなく、それは操と恒子の境遇と名誉をどう守りぬくかという閨閥の正統性を問う戦いであったに違いない。

清二の母、操が亡くなったのは康次郎の死に遅れること二十年目の一九八四年、七十七歳の誕生日を一週間後に控えた十一月十七日のこと。悲願だった西武デパートの銀座進出を見届けたかのような最期だった。有楽町西武の開業は、池袋からスタートした西武デパートに「一流」の格が備わったことを意味していた。

操は清二とともにオープニングパーティーに出席し、その数日後、胃癌の手術を受けて帰らぬ人となった。

その直後、運命の定めがいかに残酷なものかを悟らせる出来事が起こる。前出のダウナーが著した『血脈』は次のようなエピソードを披露している。

〈一週間後、ちょうど操の誕生日だった日に、義明と恒子は赤坂で静かな水入らずの食事をした。赤坂は高塀に囲まれた高級料亭が軒をつらねていることで有名な界隈である。社内関係者によれば、操の葬儀に際し一族間でかなり厳しいやり取りがあったという。母子の間の積もる話もあった。

恒子は七十一歳だった。操はクールな優雅さを見事に維持したが、恒子は母親らしい温かいぬくもりのある女性になった。初々しい美しさは消え去ったが、可愛らしさはそのままだった。やや小太りで、地に足のついたおおらかな優しさが溢れていた。子供たちは皆彼女を愛した。彼女も操も、すべての子供たちを自分の子として扱おうと努めた。彼女たちは、実の母親が誰であろうと区別せず子供たちを愛した。この愛によってこそ、一家は固くまとまっていたのだった。

生涯を通じ、恒子はずっと操の三歩後ろを歩んできた。そしてやっと日陰から日の当たる場所に出て、息子の威光を少しばかり楽しめる時が巡ってきた。彼女を二号という立場に抑え込んでいた操は、もういない。

母子は料亭で腰を下ろして静かに会話を交わした。時折着物姿の仲居が襖を開けてひざまずき、刺身や美しい形に切り抜かれた野菜の煮ものなどを運んだ。二人は懐石料理を楽しんだ。もともと茶の湯の席で出されていた懐石料理は、女らしく茶道や華道を愛した恒子にふさわしい選択ともいえた。

ところが彼女はその席で不意に頭痛を訴え、その場で倒れた。救急車が呼ばれ、彼女はすぐさま病院へ担ぎ込まれた。義明は動転した。まる二日間すべての仕事をキャンセルし、不眠不休で彼女につきっきりだった。

恒子は意識を取り戻すことなく、二日後の十一月二十五日、午後七時半に亡くなった。

死因はくも膜下出血だった。
操の死からわずか一週間ちょっとのことだった〉
操の骨は、鎌倉霊園に、恒子の骨は郷里の新潟に戻されて弔われた。

〝正統〟なる継承者

三浦半島を縦に貫く横浜―横須賀道路の朝比奈インターチェンジから約十分のところに鎌倉霊園がある。ここに西武グループの創設者にして義明の父である康次郎が眠っている。あたりの山々を一望できる山頂に築かれた康次郎の「墓」は容易に近寄ることのできない、常人の理解を超えるしろものだった。

二〇〇四年十月下旬、私は車で鎌倉霊園を訪れた。

康次郎が鎌倉霊園に眠ることは広く知られているが、この広大な霊園のどこに墓があるのかは見当もつかない。雑司ケ谷墓地や青山墓地がそうであるように、管理事務所を訪ねれば著名人の墓が記された墓参用の案内図があるに違いない。ただそれだけのつもりで管理事務所の戸を開けた。

「すいません、堤先生のお墓はどちらでしょうか?」

「どういうご関係ですか?」

一瞬、言葉の意味が取れなかった。著名人の墓を見学に訪れる人間は多くいるものと思い込んでいた。いきなり関係を聞かれて、とまどった。応対に出た中年の男性は露骨に怪訝な表情を見せる。

「い、いやぁ滋賀の『堤会』の者ですわ。秦荘町の。祖父の代から『堤会』で、それで車でこちらの方面にたまたま寄ったものですから、ぜひ堤先生のお墓に参拝させていただこうと思いまして」

「ああ、わかりました。報告しないといけないので。鍵を開けますから、今、先導しますのでお待ち下さい」

墓参りに来る人間に、その墓の主との関係を聞く管理事務所など想定してはいなかった。

「滋賀の堤会」とはとっさに口をついた嘘だった。「堤会」とは康次郎の後援会組織である。祖父の代からの後援会の関係者だと名乗れば、なんとかなるのではないかと思ったが、案の定だった。

それにしても、「報告する」とはいったいなんだろう。コクド・西武グループの総本山であるコクドに、墓参者の名前と素性を逐一報告するのか。

「鍵を開ける」というのは……。

墓に鍵がかかっているのだろうか。納骨堂のような屋形のものなのか。

表で待つようにと指示され、指定の場所に車を回し、その間に慌てて花と線香を買い求めた。ぶらっと墓の写真でも記念に撮って帰るつもりだったのが、とんだ潜入取材になってしまいそうだった。「堤先生」と呼んでおきながら、手ぶらで参るわけにもいかない。管理事務所横の売店で千五百円の花桶と二百円の線香を買った。

外は雨が降っている。線香に火がつくかどうかわからないが、「取材」ではなく「墓参」のかたちは整えなければならない。

五分もすると事務所の前に一台の白い車が現れた。ついてこいとの合図である。先導の車が前を進む。霊園の墓石が前後左右を埋めている。なかには西欧風の墓石もある。鎌倉霊園もまた、宗教混在型の霊園であるらしい。

しばらくまっすぐ進んでいた先導車が右に折れると、斜面に向かった。山の腹をなぞるように車は蛇行しながら登りはじめた。突然、これまでの無数の墓石が斜面から消えた。聖域に入ったのかもしれなかった。いったいどこに導かれるのだろうか。

道は広い。大型の観光バスでも入れそうな広さだ。中腹の斜面にいきなり、広場が現れた。そこで先導車は止まった。先導車のなかから灰色の制服に身を包んだ男が降り、向かった先にはさらに山頂への道があった。その参道に入るには蛇腹式の柵があり、鍵がかかっている。鍵を開けるとはこのことだったのか。

それにしても、参道とはいえ、ここから先もバス一台はゆうに入れる幅がある。地面はアスファルトでしっかりと舗装され、左右に連なる樹木はきれいにかたちが整えられている。日々の抜かりない手入れが観て取れる。

黙々と歩く先導者に導かれて、舗装された参道を傘をさして歩く。まだ先が見えない。道の先はさらに山の腹を巻き、見えなくなっている。左手の山頂付近には大きな仏舎利のような建物がある。寺だろうか。

鍵のついていた入り口から、もう二百メートルは歩いただろうか。山腹をやっと上がったそのとき、目の前には、日本の墓では見たこともないような中国の皇帝の墓地が広がっていた。何坪ほどであろうか。参道を上がりきったその正面のはるか遠くに何か黒っぽいものが見える。

墓はどれですかとは、あまりにも野暮な問いかけであった。黒っぽいそこまでは、さらに百メートルはあろうかという距離がある。途中、左右には巨大な灰色の獅子二頭が墓に向かう者に邪心あらば食い殺さんとばかりの凄まじい形相でにらみ、牙を剝いている。思わず息を飲む光景である。

花桶を持ち、ポケットには線香をしのばせ、制服姿の男に従う。

背後には高くうっそうとした針葉樹林が控えている。まるで森のようだ。自然の山林と人工的に植えた木々とを併せて森を造ったのであろう。

しかし、切り開き、均《なら》した山頂に森があり、その森の下に康次郎が眠るというのは、あまりに神々しくできすぎてはいまいか。思えば古来、神社の裏手は山であり森だった。墓を守る獅子の修羅のような形相は日本古来というよりは、むしろ大陸由来の原初的な野性味を感じさせもする。それは、「皇帝」であり「神」であることを強く表現しようとするあまり、一種の不均衡を生じさせているようにも思えた。

この〝神々しい〟墳墓は完成までに一年がかかり、康次郎が死んだ翌一九六五年に現れた。

この中国皇帝の墓のような場所で、義明率いる西武グループの幹部は元旦の日の出を拝み、康次郎の墓に参る。義明はこの「神」の前に立ち、幹部に年頭訓示を垂れるのである。それは義明がコクド・西武グループの全役職を退く〇四年まで毎年欠かすことなく続けられ、年中行事として定着していた。

滋賀・下八木の五十軒に満たない集落で生まれた、小作農の息子が「神」として祀られている。それは滋賀の故郷を訪れた経験のある者にとってはあまりに不思議な光景である。生家の裏手に広がる集落の墓は荒れてはいないものの、決してその生前の権勢を誇るようなものではない。貧しすぎず、華美にすぎない、ある程度の財を成した人間が先祖を大切に弔ったことが汲める好感の持てるものである。それに比べてこの鎌倉・朝比奈峠の山頂に開けた宮殿跡のような度肝を抜く猛々しさはなんであろうか。

まるで古墳ではないか。神であり、皇帝であり、そして古墳に眠る王であるのか。

黒く重い引き戸が守る墓碑には「堤康次郎之墓」と刻まれていた。両脇に絢爛《けんらん》たる献花がある。千五百円の花桶があまりにみすぼらしい。しかし、先導者が片方の花を抜いてくれた。花を挿し、墓碑の前に立ち、手を合わせた。

この墓碑の下に康次郎の骨が埋まっているのだろうか。しかし、滋賀の本家筋である堤徳男は「骨はこっちにありますよ。亡くなって、頭蓋骨がこっちに入るところを私は見てますから」と言っていた。分骨している可能性はあるが、それにしても頭のなかが混乱する。

しばし手を合わせると、先導者が「こちらで記帳をお願いします」と墓の脇を少し下りたところにある小屋に誘う。小屋に集会場のような長い机に椅子が並んでいる。法要のときなどに客を待たせるのにも使うのかもしれない。

その反対側には、山の下からも見えた大きな鐘のある本堂があったが、そこには案内されない。その堂のなかで康次郎は改めて供養されているのだろうか。

小屋には、墨と硯《すずり》が用意され、きちんと製本された記帳用の冊子が出された。自らの名前と住所を書くその隙に、前のページ、その前のページをめくる。毎日記帳されている。毎日、きまって一人の記帳がある。それもグループ関係者の。日付に続いて、「高輪プリンスホテル」などとある。

伝説となっていた康次郎の墓守は現在でも欠かさず続いていたのだった。

私が記帳を終えると、先導の男が突然、絵を指指して声をかけてきた。

「こんな感じなんですかね。滋賀のほうは」

壁にかかった絵には雪の風景が描かれていた。日本家屋の古い邸宅の庭には大きな松の木があり、大きな石もある。それはどこかで見た光景だった。滋賀・下八木の康次郎の生家であり、徳男がかつて楓の枝を折ったその場所だった。

「ああー、そうですね。これは堤先生の生家ですね。雪が降ったときの景色は見たことないですが、この松とかはこんな感じで。雪が積もるとちょうどこの絵のような感じになるかもしれませんね」

「そうなんですか。私はまだ滋賀の方には行ったことはないもので」

先導した男もおそらく西武不動産販売の社員なのだろう。地元滋賀の関係者だという珍客を前に、生家の風景として掲げられている絵について尋ねてきたのだった。

間違いなく、それは生家の絵だった。

現在、その生家には「堤義明」と書かれた木の表札が掛かっている。その木の表札を康次郎の生家に掲げた義明は、妾の子でありながら、確かに康次郎の直系後継者として名を刻んでいたのであった。

事業継承

康次郎の正統な後継者は〝正妻〟の子で次男である清二ではなく、〝妾〟の子で三男の義明であることは、今日では多くが認めるところだ。中嶋忠三郎が書いた『西武王国』にも、この相続問題についてこう書かれている。

〈堤にしてみれば、誰が遺産を相続するかではなく、どのように事業を継がせるかが問題なのであった。そして堤は、結局は義明が後継者となるように、レールを敷いたのであった。遺産も殆ど義明が相続出来るように、一応、株を信頼できる人々に、分散して持たせておいて、後で義明の元に全部戻してもらったのであった。清二は、嫡出子ではあったが、個人遺産の少なかった堤から相続したものは、ほんの僅かであった〉

若き義明は、父・康次郎が逝くその瞬間まで、側近とも番頭とも言われた忠三郎の目にはどのように映っていたのだろうか。再び『西武王国』を引こう――。

〈普通の人間なら成長の過程において反抗期というものがある。しかし、義明には、少なくとも表面的には、それがなかった。堤の命令には絶対に逆らわなかったし、堤の訓練からも逃げなかった。こんなことは常人のなせることではない。それが出来たのは、一つには、側室の子にありがちなある種の負い目と宿命的な保身が働いていたからなのであろうか〉

康次郎に対しては徹底した従順ぶりを表す一方、自身が参加していた早稲田大学観光学会ではリーダーシップを発揮していた。義明が後継者としての地位を康次郎のなかで確実なものとして射止めたとされる軽井沢スケートセンターの構想も学生時代のものだった。

この観光学会の後輩には、後にコクドに入社し、プリンスホテル社長に就任する山口弘毅もいた。

当時、早稲田大学観光学会の一年後輩だった石田隆一は話す。

「やはり、彼のアイディアは当時の学生には画期的なものでした。今では夜間バスでスキーに行ったりするのは当たり前でしょうけれども、昭和三十一年前後の当時はバスで学生を連れていくなんていうことをやっているところはどこにもなかったですから」

後に日本オリンピック委員会の初代会長ともなり、長野冬季オリンピックの誘致に全力を注いだ義明のウインタースポーツへの情熱は、この軽井沢スケートセンターという初事業の成功が導いたものともいえる。

そして、神奈川県大磯町の海岸沿いに作った大磯ロングビーチというプール建設は、卒業論文で展開したアイディアを実践したものだった。ヨーロッパの海水浴は泳ぐのではなく、甲羅干しが主であることから、義明は海岸沿いに巨大なプールを作り集客するという当時の日本では前代未聞の発想を事業化してみせたのだった。

学生時代に実現させた軽井沢スケートセンターと大磯ロングビーチの二つの事業を見事成功させた義明は、大学を卒業してすぐの一九五七（昭和三十二）年国土計画興業に入社し、10月に代表取締役に就任している。二十三歳のときだった。

「そのころ、国土計画なんていっても、誰も知らない会社ですよ。いったい何をやっているのか誰も知らなかったんですよ」（石田隆一）

九二年に国土計画からコクドに変わった現在でも、その名前は一般にはほとんど知られていないと言ってもいい。西武といえば知らない人はいないだろうが、その西武グループのすべてを掌握する小さな企業がコクドである。

そして、この非上場の小さなコクドを代表するのが、九三年六月にアメリカの有力経済誌「フォーブス」の世界の億万長者ランキングで頂点にその名を掲げられた堤義明なのである。（「フォーブス」が最初に義明を世界一の資産家と報じたのは八七年七月）

コクドが保有する推定資産は四十兆円とも言われ、義明の個人資産だけでも九十二億ドル（約九千五百二十六億六千万円）とも言われた。中東の油田を持つ王族を超え、欧米の企業王を抑え、国民のほとんどが名前さえ知らない〝小さな〟コクドのオーナーである義明が、二代目にして世界の頂点に立ったのだ。

九三年といえばバブル崩壊による経済破綻が企業サラリーマンから商店主に至るまで紛れもない現実として押し寄せていた時期だった。「フォーブス」による〝認定〟は、財界関係者の誰もが、西武グループはバブルを無傷で生き延び、さらに成長を続けているのだと錯覚するに十分な出来事だった。

しかしそれは、非上場というコクドの秘匿性に隠されたまやかしであった。二〇〇四年十月の全役職の辞任までの長い経営者生活のなかで、義明はまさに苦悶の季節を迎えようとしていた。

政治の季節

衆議院議長まで務めた父、康次郎の人脈を引き継いだ義明は長く、政治家との関わりを取沙汰されてきた。生前の田中角栄との付き合いの深さもやはり、康次郎時代からのものである。

一九六四（昭和三十九）年の康次郎の死去に伴う地元・滋賀の衆院選では康次郎の後継

者として故・山下元利が立候補した。彼には田中角栄の強力な力添えがあったことは広く知られている。父を亡くした若き義明もまた角栄の謦咳《けいがい》に接していた。かつて政治学者で政治評論家の藤原弘達との間で行なわれた週刊誌の対談がある。義明がこれまで「政治」との関わりを生々しく語った機会はほとんどない。義明の政治認識を探る貴重な記録である。

〈**藤原**　あなたの話をきいていると、発想が非常に具体的（コンクリート）なんだな。いまハッと気がついたんだがね、同じように観念性、抽象性のほとんどない考え方をするのが、政治家では田中角栄なんです。

堤　あの人、たいへん頭がいいですからね。

藤原　だから非常にコンクリートに裁断していく。田中角栄が高校・大学へ行っていれば、あるいは文学をやったかもしれないし、哲学青年になったかもしれん。しかし、そういう時期を経ないで、スパッと実務の世界に入ってしまった。彼は一種の切断世代なんだ。あなたの即物的で具体的なところは、角栄に非常によく似ている。国土を見れば、ゴルフ場はどうだ、人口や交通はどうだ、こうなったときに人の流れはこう変わる、さて、いけるかいけないか、という具合に詰めていく。いや、ホントにあんた、角栄とよく似ているなあ。

堤　ええ、田中さんとは、とても気が合います。

藤原　そう、合うだろう、合うと思うんだ（と即座に納得）。

堤　こういっちゃなんですけど、四十七年の人生で、会って話し合っていて、これは自分より頭がいいな、この人にはかなわないな、と思う人はそういませんけど、あの人にだけはかなわない。

藤原　そうか（笑）。

堤　いやあ、もう、すごい才能ですよ。だからロッキード事件なんていうのは、私にはよくわからないけれど、あれだけの人材をつぶしたら損をしちゃいますよ、日本は……。あの人の智恵が、いまの日本にどれだけ必要かわからない。データが出てきても、最後に組み立てていくのは、人間がやらなきゃいけないわけです。そういう面で、田中さんの発想というのは勉強になりますねえ。

（中略）

藤原　あなたの経営の論理、伸びるときには分散し、守りにおいては統合するという力学は、自民党の派閥にもそのままあてはまるんだな。一九八〇年代のある時期において、自民党は徹底して守りの過程に入らざるをえない。一種の統合をしなければならなくなるわけで、田中軍団があれだけふくれ上がっているのも、それなりの意味を持っているんだな。

堤　そうです。たとえば派閥解消とはよくいいますけど、これは消すことを考えるのではなく、逆に合併によって解消ができるんです。四つが三つになるという形で合併をつづけていって最後は大きく二つになる。その段階になったときに、分かれて二つの政党になるのがいいのか、二つが合併して一つになるのがいいか、を考えればいい。

（中略）

堤　田中さんは、選挙のノウハウを持っている。（中略）選挙に勝つ……このいちばん大事なことを、あの人は知っている。要するにプロの政治家なんです。

藤原　選挙で有効な票をとって、これをはなさないようにすることについて、彼は大変に研究しています。あくまでもケース・バイ・ケースでね。

堤　たまたま二、三の選挙区で、私のよく知っているところがありますが、あの人は私以上に細かく知っている。大変なもんです。それが日本国中ぜんぶなんですから、おのずから人が集まってくるんです。その意味で、田中さんは統合のシンボルだと思いますね。

藤原　このタイミングで、あなたほど手放しの〝角栄絶賛〟を口にする人は、財界人では珍しいねえ。私のほうはいろいろと悪口もいってるけど、普通の人はどちらにしても世

論の反発や評判が恐いんでしょうな（笑）〉（「週刊現代」一九八二年一月九日号）
七六年のロッキード事件の発覚で、この時期に田中角栄を公の場で絶賛する人はあまりに少なかった。義明は、角栄を何のてらいもなく褒めちぎったのである。インタビュアーの藤原が驚くのも無理はなかった。藤原は、義明の政界進出への意欲についても問い質している。
〈**藤原**　そこで最後に肝心なことをきかなくてはね……。いろいろウワサもあるようだが、あなた自身が政治家にならんのかね。財界からは正力松太郎、藤山愛一郎、近くは小坂徳三郎らがいるが、どうだい、政界進出のホンネをききたいな。
堤　（きっぱりと）いまはそういう考え、ありません。政治には関心があるけれど、私がもし政界に出るなら、いまの仕事と縁を切らなきゃならないからね。それが断ちがたいんです。
藤原　おじいさん、お父さんの近江商人の伝統に『政治のお世話はするけど、みずからは出てはいけない』と……。
堤　それほどでもないんですけどねえ。
藤原　お父さんは、ちゃんと出たわけだよ。
堤　親父は、私が政治家になるほうを好んだかもしれません。なんといったって、日本の国をよくしたいという気持ちが強いし、金や財産は死ぬときに持っていけないですからね。われわれのしていることは、ちっぽけなもんです。

藤原　世間では、あなたが政治家になる志向が強いと……。

堤　不可能ですよ。時間的にとってもできません。一時期、たしかにやろうという気がありましたが、ここんとこちょっとね。

藤原　ああ、そうか〉（前出「週刊現代」）

「政治家を育てたい」という義明が、その政治の世界で突如、フィクサー然とした発言をぶちまけたのが、一九八七年十月の「中曽根裁定」だった。

自民党総裁を異例の三期務め上げた中曽根康弘首相が、宮沢喜一、竹下登、安倍晋太郎の三人のなかから後継者を指名した大きな政治活劇だった。ロッキード事件を機に田中派を割って「創世会」を立ち上げ、派閥の領袖に収まった竹下が勝負をかけた大一番だった。

政治記者や財界人の下馬評でも、竹下優勢の意見が支配していた。

そのなかで突如、義明からメディアに情報が流された。

「裁定は安倍で決まりです。全財産を賭けてもいい」

義明の「全財産」とはコクド・西武グループのすべてを意味していた。この義明の発言に流され、「安倍決定」で結果的に誤報を打った新聞社まで現れた。

義明が本気でそう信じたのか、それとも「竹下確実」の政治の流れを阻止すべく、故意に情報操作を図ろうとしたのかは、今日に至るもまったくの謎である。ただ、田中角栄を絶賛した義明の政治認識を素直に政局にかぶせれば、田中派をだまし討ちに近いやり方で割って出た竹下の政治手法に、総理就任という「勝利」を与えたくないと考えたとしても無理はない。

そう読むとき、「安倍で決まり」は義明が田中に代わって放った最大限のメッセージであったと見ることもできよう。吉田茂から佐藤栄作、池田勇人、そして田中角栄に至る、政界に身を置かずともその義明が〝田中派直系〟であることは間違いない。

突然の辞任劇

康次郎が死んで四十年、義明はずいぶんと長く前を向いて走りつづけた。

「私は、今日までずっと、事業本体、営業面に自分の全精魂を傾けて参りました。ただ、その一方で管理面では、株式実務とか、法の手続き規定などには率直のところまったく疎く、ノータッチで参りました。したがって、ごく最近まで、本件については何も承知していなかったというのが実情です」

利益供与事件発覚で西武鉄道の会長職を辞任してからさらに半年後の二〇〇四年十月十三日、西武鉄道での借名株発覚を受けての突然の辞任表明で、堤義明はそう言って頭を垂れた。肩から上だけを多少前に傾けたような姿勢は、謝罪というよりも会釈程度と言ったほうがいい。いつものことだった。

ただ、これまでのふてぶてしさはすっかり影を潜め、「帝王」は少し、やつれているようにも見えた。義明もまた、馬車馬のような思いに駆られて走りつづけてきたのかもしれなかった。

八〇年代、義明は松下電器の創業者で「経営の神様」とも崇《あが》められた松下幸之助に次ぐ経済界の若きニューリーダーとしてもてはやされた。

『堤義明の静かなる挑戦』『堤義明・男の凄さ』『堤義明の人を生かす!』『堤義明は語る』など、自らの名前を冠した経営本や対談集が次々に企画され世に出されていった。その華々しさは、創業者である康次郎の威光から離れ、「二代目」を脱皮した一人の財界リーダーの誕生を予感させてもいた。

八四年一月七日号で企画された、「週刊現代」での松下幸之助と義明との対談で、松下をしてこう語らしめた。

〈……すっかり感心したんや。堤さんの話をうけたまわるとね、その言葉の端々に非常に独創的な考えを持っておられる。二代目という感じを少しも受けなかったですな。むしろ創業の人、新時代の経営者であると思いましたな〉

「創業の人」と讃えられてから二十年後の二〇〇四年十月十三日、何の予告もなく、東京・品川の新高輪プリンスホテルに集められた報道陣を前にして義明は突然の経営引退を表明したのだった。

午後六時半を前に会場に義明が姿を見せたとき、報道陣は初めてその異様な配置に気がついた。

ひな壇に向かって左側にたった一つ用意された椅子に、義明が無表情で腰を下ろした。ひな壇をはさんで、義明の右側にはずらっと紺の背広に身を包んだ西武鉄道の重役たちが連なって腰を下ろしていた。重役たちの顔は異様な強張《こわば》りを見せている。特に、西武鉄道社長の小柳皓正（〇五年一月二十八日辞任）は顔面蒼白にも見えた。

義明はいく分、痩せているように見えた。百七十二センチはある身長と、父親譲りの胸板の厚さからか、これまで身の丈以上に大柄に見えることが多かった。気力の減退なのか、それとも健康上の不安があるのだろうか。紺の背広の襟周りが、白いワイシャツの襟足の上で浮き上がっていた。

二〇〇四年、義明がメディアの前に姿を見せたのは、知られている限りではこれが三度目である。

最初は四月十四日の西武鉄道の会長辞任会見、二度目は七月八日のプロ野球のオーナー会議に二十六年ぶりに姿を見せたときだった。

いつのころからか掛けていた縁のない眼鏡のせいではなく、確かにいく分、義明の耳から顎にかけての肉は削《そ》げているように感じられた。腫れぼったく厚いまぶたが角度によっては黒目の半分も隠そうかという、その究極の仏頂面は、そのときだけは、感情の変化を隠すのにうまく働いていているように思えた。

私の座っていた記者席の最前列から二列目の席と義明との距離は五メートルとない。おそらくこれが、義明を間近に見る最初で最後の機会であるように思われた。

一九七四年生まれの私と義明とは、四十も歳が離れている。康次郎は私が生まれるちょうど十年前に死んでいる。コクドも西武も、取材する自らの人生とは無縁のものだった。

「いったいなぜ、ここまで西武の取材にのめり込んでしまったのか」

そう思った瞬間、多くのテレビクルーやカメラマンが慌ただしくマイクテストやフラッシュの光度調整に走る喧騒が、静寂な空間に変わった。

義明は、自分を辞任に追い込んだきっかけをつくった男が、この大勢の報道陣の中にいることなど知る由《よし》もないだろう。

「俺の名前は、どこにもないな……」

そう呟いて逝った中嶋忠三郎という明治男の人生と、昭和の生まれの二十代の記者が偶然に出会い、そしてその忠三郎の「悲しみを拾う旅」が、この義明の引退会見に結びついたのだとすれば、それは皮肉なことだった。

三月に「週刊新潮」の記者を辞めフリーランスとなった私は、念願だった康次郎の故郷・滋賀をいく度も訪れた。琵琶湖を望む畑のなかを右に左に迷い、そしてやっと今、義明から「五メートル」の距離にたどり着いたのだ。

目の前にいる義明に何度、直接に会って言葉を交わしてみたいと思ったことか。

「あなたには聞きたいことがどれだけあることか。そしてあなたが答えるべきことがどれだけあることか――」


堤家には二人の馬車馬がいた。

馬車馬が二代続いたのは奇跡的ともいえる。築いた馬車馬と、それを守る馬車馬だ。康次郎が構築した独特の経済システムは、コクドを中核とする西武グループの企業の隅々にまで浸透し、堅牢さを誇った。

祖父、清左衛門から数えれば、一家の実業の歴史は百五十年を優に超えている。

そしてそれを引き継いだ義明は、「十年間は何もするな」「土地はもう十分に買ってある」という康次郎の遺言を内においては守った。

義明はかつて、数少ないインタビューでこう言ったことがあった。

「未亡人のアパート経営ですよ」と。

大きなものを大きなまま維持していくことのたいへんさを、義明は言外に匂わせたかったのかもしれない。

コクドによるグループ支配も、借名株も、そのすべては確かに康次郎が築いたものであった。義明は、康次郎が死んだときに目の前にあったそれを引き継いだのだ。もちろん、その諸々の意味を理解していないはずはない。

ただ、そこにあるものを疑ってかかることは難しかった。それはコクドの解体、すなわち西武帝国の解体を意味するからだ。

「しかし、経営者は、そうした方面にも十分精通して企業経営に当たらなければならないということを、今回、痛感しました。今後は、新しい時代に適合した経営陣によって運営されることが必要と考える次第です」

すでに五十年近くも帝国ともコンツェルンとも言われた企業グループを引っ張ってきた経営責任者の、最後の言葉とは思えない簡素な辞任挨拶だった。風貌と年齢からは調子はずれに響く甲高い声は、さらに上擦《うわず》っているようにも聴こえた。

「ゆく河の流れは絶えずして、しかももとの水にあらず。よどみに浮かぶうたかたは、かつ消えかつ結びて、久しくとどまりたるためしなし。世中にある人と栖《すみか》と、又かくのごとし」

義明が新高輪プリンスホテルでの全役職からの辞任表明を終え、側近に守られ追われるように会場を出た直後、鴨長明の「方丈記」の一節がふと浮かんだ。

西武グループの「帝王」として長く君臨してきた義明の背中はひどく淋しそうだった。

一九五七年に国土計画興業の代表取締役に就任してから四十七年間に及んだ経営者人生の最後を、義明は謝罪で締めくくった。

第五章　中嶋康雄の裁判

発見された株券預かり証

堤義明率いるコクド・西武グループにとって致命的ともいえるその証書が見つかったのは、中嶋忠三郎の死から二年後の二〇〇〇年七月末のことだった。

忠三郎の息子、中嶋康雄が病床にふせっていた母親と財産整理の話し合いをしているなかで、新たな貸金庫のカギが見つかったのだ。第二章で触れた忠三郎名義の十二ある貸金庫のうちの、最後のひとつのカギは母親が大切に保管していた。康雄は「よほど大事な書類が入っているのだろう」と思ったという。

さっそく開けてみると、なかから国土計画興業（現コクド）の「株券保管証」と書かれた書類が見つかった。その瞬間、康雄には生前の父の言葉が鮮明に蘇った。

それは忠三郎が亡くなる前年、九七年九月四日のことだった。この日は忠三郎の九十七回目の誕生日にあたる。忠三郎は康雄にこう告げたという。

「おいヤスさん。コクドの株があるけど、すぐにカネになると思うなよ」

康雄は独立した事業家である。ときには資金繰りに困ることもあるだろう。だが、忠三郎が心底愛した西武の中核会社の株だけは、簡単に売ってしまうことがないよう、さりげなく諭したのだろうと思ったという。

忠三郎の死が現実となった後、康雄が遺品を整理したときには、コクド株を見つけることはできなかった。やがて、康雄の記憶からも忠三郎とのやりとり、つまりコクド株について話をしたこと自体が忘れ去られようとしていた。そんな矢先の出来事だった。

「そうか、株というのは現物ではなく、預かり証だったのか……」

コクドは堤家のいわば〝私有財産〟だ。その株の一部を譲渡されるということは特別な意味がある、と康雄は思った。それはとりもなおさず忠三郎が堤家の一員、もしくはそれに準じる存在であることの証明ではないか。忠三郎にとってどれほどうれしいことだっただろう。

忠三郎の半生を振り返ったとき、創業者康次郎の奔放な私生活と違法ぎりぎりの事業意欲を両立させるためにどれだけの苦労があったことか。それが二代目の世になると、生前の回顧録出版を妨害され、正伝『堤康次郎』からはその存在さえ抹殺され、葬儀での焼香の約束さえも反故にされた。「親父の一千株だけは、何としても取り戻す」。それは義明ではなく康次郎から忠三郎に直接〝譲渡〟されたはずのものだから……。

康雄は、そう決心した。

○一年八月十三日、康雄はまず、コクド会長の堤義明宛に代理人弁護士を通じて内容証明郵便を送ってみた。内容は、一九五八（昭和三十三）年四月四日、コクドに一千株を預けていることが判明したので返却してほしいというものだった。

これに対してコクド側は折り返し総務部次長の木内保名で、株を預けていることが確認できる記録書類があれば送付してほしいと返答する。そこで康雄は九月十一日付で、忠三郎の金庫から出てきた預り証の写しを送るが、コクド側はその十日後にこう回答した。

《昭和三十三年頃当社の株券が箱根土地株式会社と国土計画興業株式会社の名前で入り乱れていたため、国土計画興業株式会社名の株券に統一しようと、旧株券を預かり新株券を交付したものです。昭和三十三年四月四日付の預り証はそのときのものです。それから昭和三十三年八月五日、新株券を中島忠三郎氏に交付しています。この新株券はその後第三者に譲渡され名義変更されております。新株券を交付したときに旧株券の預かり証を返してもらうべきところ、返還がなくそのままになっていたものと思われます。それで昭和三十三年四月四日付の預り証は新株券の交付により効力を失ったものであります》

つまり、忠三郎は生前、すでにコクド株を他人に売ってしまっている。コクドはそう通告してきたのだ。

これを受けて康雄側は、同年十一月十四日付で再びコクドに対し三点の回答を求めた。

1、中島忠三郎に交付された新株券の種類と株数
2、中島忠三郎から譲渡を受けたとされる方の氏名
3、預り証と引き換えに新株券を交付すべきであると思われますが、そうされなかった理由

追って二十七日、やはりコクド総務部の木内保名で三点についての回答が届く。

1、交付された株券は、一千株券（一株五十円）一枚です。
2、中島忠三郎氏から譲渡を受けた方の氏名については、譲渡した時から現在まで三十二年余り経過しており、記録もございませんのでわかりません。
3、預り証との引き換えがなされなかった理由はよくわかりません。

この段階で、粛々と続いてきた内容証明郵便のやりとりは破綻を迎えた。両者の意見は嚙み合うことなく、康雄は法的措置の通告に踏み切る。コクドは中嶋忠三郎名義の株券が第三者に譲渡されてから「およそ三十年」でも「およそ四十年」でもなく「三十二年」と

端数に至る経過年数を通告してきているにもかかわらず、その譲渡相手の記録がなくわからないとするなど、不審な点が多かった。それになにより、忠三郎が亡くなる一年前に「コクドの株がある」と明言していたのだ。そもそも忠三郎が精魂込めて尽くした西武中核会社の株を簡単に手放すとは考えられない。

そこで中嶋康雄は二〇〇二年三月二十日、ついにコクドを相手取って、父親である忠三郎の相続人として一千株の株主であることを確認する「株主権存在確認請求」を東京地裁に提訴した。

原告側に立証責任のある日本の民事訴訟では、その証拠書類のすべてをコクド側に握られている康雄の裁判は、はじめからあまりに不利だった。康雄にとって自らの権利を裏づける証拠は、亡くなる一年前に父から聞かされた「言葉」と、後に貸金庫から出てきた一通の古い証書だけだった。だが、康雄はそれを承知で裁判を起こした。

「確かにカネは欲しいよ。でもな、これはそういう問題じゃないんだ。親父が康次郎から『おい、株を持てよ』と言われたとき、どんなにうれしかっただろうか。西武の一員として認められたと誰もが思うだろう。その証なんだよ、一千株は」

康雄は、私にそう語った。

結論を先に言うとこの裁判は一審での原告側敗訴に続き、東京高裁でも敗れた。そして二〇〇四年の春に最高裁への上告も棄却され、康雄の敗訴が確定した。

だが、約二年におよんだ一枚の株券預り証をめぐるこの裁判は、コクドを中心とする西武グループで長らく〝秘中の秘〟とされてきた株支配の闇をあぶり出すことになる。

まったく皮肉な話だが、この裁判の過程は康雄の敗訴、つまりコクド側の勝利が確定した〇四年、西武鉄道の不祥事発覚を機に思わぬ注目を浴びることになるのである。

忠三郎名義の株の行方

コクド側は東京地裁の第一回口頭弁論で、訴訟前のやりとりでは「記録がない」としていた忠三郎名義の株の譲渡先を突如、明らかにした。それは、「昭和四十四年十二月二十日ごろ、今井博（現・今井祐弘）に譲渡している」というものだった。

さらに、コクド側が裁判所に提出した準備書面によれば、一九六九（昭和四十四）年に今井博に売却する段階では、中嶋忠三郎名義の株数はコクドの数回にわたる増資で一万八千株にまで増加していたという。そして、コクド側はここで再び当初の説明とまったく異なる新事実を明らかにする。

その際、売却したのは一万八千株のうち一万株で、さらにこの売却先は今井博ひとりではなく、ほかに九人いたというのだ。忠三郎の手元に残った八千株はその後、さらにコクドの増資を経て三千二百株が加えられ、七三（昭和四十八）年十二月の時点で一万千二百株まで数字上は増加していたというのである。

コクド側はこの一万千二百株すべてを七七年十二月二十二日に白井久也ら六人に売却したとして、この時点で忠三郎はコクド株をすべて手放したことになると主張した。

コクド側が提示したこれだけの株数の変動は、康雄にとっても初めて聞く話だった。もちろん、コクド側はこうしたやりとりを証明すべく、数々の証拠書類を提出している。

一九五八（昭和三十三）年八月五日に、旧株券から新株券に変更したときに発送したとする「新株券引換請求書」に始まり、今井博が署名押印した売却譲渡の証明書（平成十三年十二月十七日付）、一九六三（昭和三十八）年七月の増資で一千株券十二枚の交付を受けて忠三郎が署名押印したとする「株券受領通知書」などである。

だが、康雄にとってはいずれもにわかに信じがたいものばかりだった。

たとえば「新株券引換請求書」には忠三郎の署名押印がされているが、署名は中嶋家の正式な姓である「中嶋」ではなく「中島」となっている。にもかかわらず、印影は「中嶋」なのだ。しかもその印影は忠三郎のものとは異なっていた。

康雄はこれを「偽造である」と主張した。これに対するコクド側の反論は、次のようなものだった。

《故人は署名するときは、いつも代筆させておった。ただ、印だけは故人自身が押印していた。そのときの印は「山」の字のついた「中嶋」という印であった。乙第二号証も誰かに代筆させ、故人がそれに押印したものである。印は「中嶋」となっている》

まるで子どものような反論だが、康雄側にこれを否定するだけの「証拠」がないのも事実である。

コクド側は自らの説明に沿ったかたちの「証拠書類」を次々と繰り出してくる。確かにそれを見る限りでは矛盾なくつじつまがあっているように思える。しかし、裁判上はそれで通用するかもしれないが、一般社会の常識に照らしたときのほころびは明らかだった。いくら他人に代理署名させていたといっても、「中嶋」を「中島」と書かせて平気な社会人がいるだろうか。

たとえば、「乙第五号証」と番号の振られた古い郵便はがきは、株券の受領通知書だ。これはコクドの無償増資にともない、忠三郎の株数が一万八千株になった時点のものだ。このとき忠三郎には一千株券が十二枚交付され、それを確かに受領したしるしに官製はがきに印刷された株主欄に住所と氏名を書き、押印してコクドに送り返したとされるものである。

あて先は「国土計画興業株式会社総務部株式係行」となっている。住所は東京都渋谷区穏田三丁目一九一番地と、旧住所が記載され、消印からもそれが一九六三（昭和三十八）年八月二十日に発送されたものだということがわかる。

だが、一見手続きが正式になされ、こうした古い書類もきちんと整理・保管されていることを印象づけようとするこのコクド提出のはがきには、コクドの主張を受け入れてなお、説明のつかない奇妙な事実が刻印されている。

このはがきの署名もまた、「中嶋」ではなく「中島」なのだ。忠三郎の自宅にわざわざ代理署名者が来て、署名したというのだろうか。印影も他の書類のものと同じである。康雄側の主張によれば、それは忠三郎の印影とは異なるという。百歩譲って忠三郎が常に代筆をさせ、印鑑だけを押す習性があったとして、さらにこの印鑑も忠三郎の正印であったとしてもなお、一般社会の常識からは説明のつかない〝矛盾〟が残る。

ひとつは、はがきに押された消印だ。「乙第五号証」に押された消印は、渋谷郵便局のものである。ところが、はがきの裏面に記載されている忠三郎の住所は、この時点で東京都港区芝なのだ。なぜ忠三郎はこのはがきを自宅から遠く離れた渋谷郵便局から投函しているのだろうか。

確かにこの時期、忠三郎は西武鉄道の役員を務めており、堤康次郎の側近として法務業務にも携わっている。西武鉄道の本社は当時、豊島区の池袋だが、コクドの本社に用があり、ついでにはがきを投函したとも考えられる。だが、コクド本社に立ち寄りながら、コクドの総務部宛のはがきをわざわざ会社のそばから投函する必要があったのか。総務部に顔を出し、署名押印したはがきを担当者に渡せば済む話である。

なるほど、そのつもりで本社に立ち寄りながら、コクドを出て帰宅途中にはがきを渡し忘れたことに気付いたのかもしれない。そこで会社近くの渋谷郵便局管内のポストから投函したとも想定できる。消印の謎をここで無理やりに決着させても、次にはがきの表からもうひとつの不思議が浮かび上がる。

「総務部株式係行」ときれいにタイプで印字されたこのあて先の「行」とはなんであろう。このはがきは当然、事務処理を行うコクドが印刷作成したものであり、その段階で自社宛の手紙に「行」と表示するのは納得できる。だがこのはがきではこの「行」が発送の段階で消されることなく、そのまきれいに残っているのである。

忠三郎は明治生まれの古い人間である。こうした作法礼節には厳格ではなかったか。東京地裁判事という前職に鑑みても、こうした些細な点が、重大な事実を物語っているようにも思えてくる。

「自作自演」とは断定できないが、この一枚のはがきがささやかに主張しているのは、コクドの総務部株式係の担当者が自らこの受領通知書に署名押印し、それを会社宛に発送されたという痕跡を残すために、わざわざコクド本社のそばから投函したのではないかということだ。そしてもちろん、こうした手法が仮に行われていたとすれば、それを忠三郎名義の株券処理にだけ適用していたと考えるのは、説得力を欠く。

中嶋康雄の裁判で明らかにされたことの積み重ねが、後に堤義明をコクド・西武グループの全役職辞任に追い込む「借名株」につながっている――。

社員株主の実態

二審の東京高裁では、コクド側は中嶋忠三郎名義の株の売却先のひとりに「中島一」という元コクド社員の名前をあげ、売買書類を提出してきた。その書類を見る限り、中島一は中嶋忠三郎から金十二万円で一千二百株を取得したことになっている。

これに対し、康雄は真っ向から反論した。実は康雄は一九七〇（昭和四十五）年にコクドに入社し、一時期、社員だったことがある。ここで出てきた中島一とは、当時からの顔見知りで、「ピンさん、康雄さん」と呼び合う仲だった。

コクド側が提出してきた書類に中島一の名前を見たとき、康雄は久しぶりに旧交を温めたいという思いと、そして事の真偽を確かめたいという思いで中島を呼び出した。以下、康雄が高裁に提出した陳述書から引く――。

《平成十四年十二月五日に池袋のメトロポリタンホテルのティーラウンジ（すずかけ）で、五時に会う約束を戴いたのです。（中略）

久しぶりの挨拶を交わし、私は本題に入りました。『ところで、今日、私がピンさんに会いたい用件、解る』と聞きましたら、『解らない、先生の本の事』と中島一氏が言われましたので、㈱コクドより連絡が無かったと思い、これは真実を語ってくれると思いました。（中略）

『ところで、ピンさん、私の死んだ親父と親しかった』と聞いたところ、ピンさんは『親しかったなんて、とんでもない、大分前に、何時だったか康雄さんがボーリングをして帰っちゃった事が有り、その処理に、康雄さんが接待と言うわけにも行かず、お父さんのところへ代金だか、サインだったかを貰いに行った事はあるよ』との事でした。そして私は、『ところで、ピンさん親父からコクドの株を買った事はない』と聞いたところ、『そんな事はないよ』との事。私は、『ところで、ピンさんは、コクドの株主だろう』と聞いたら、中島一氏は、『大分前に、私名義の株があると聞いた事はあるよ』と言われました。私は、更に、『配当金等は貰った事あるの』と尋ねると、『配当金かどうかは、知らんけど、一度だけ、国友会から貰った事はあるよ』と中島一氏は言いました。そして私は、『ピンさん、

コクドの株主なら、取得に金は払ったの』と聞いたところ、『一銭も払ってないよ』との事でした》

そして康雄は、コクド側が裁判に出してきた売買書類などを見せたという。その書類には中島一の署名と印鑑が押してある。

それを見せられた中島の反応は康雄の思いを確かなものに変えた。

「これは、私の筆跡でもないし、印は、私のものでなく、実印でもないよ」

コクドが署名や印鑑まで作成して自社株の売買書類を偽造している。康雄は中島の証言の信憑性を確信して、それまで話した内容について中島の署名をもらえないかと頼んだ。しかし、中島はとたんに渋った表情で懇願するように告げたという。

「康雄さん、長男がコクドの宣伝部に世話になっているので、署名をし、証拠とするのは、勘弁してよ」

康雄は「当然です。解ってますよ」と答え、紙を引っ込めた。親としての哀願を突き放すだけの勇気は、父親の株券をめぐる〝弔い合戦〟といえどもふるえない、そう思った。

康雄の陳述書にはその後の様子も書かれている。

《しばらく、雑談をし、石田印房で作った印鑑が、津島達によって、勝手に使われているんだと言った話は、二人の共通の認識でした。また、株の預かり証があるのは、本当の株主という意味で、僕らには預かり証なんか当然くれないとの事でした。すずかけをでたのが十八時四分です。この間、酒は、一滴も飲んでいません》
　だが、このやり取りが後に提出される中島一の陳述書では一変する。中島のそれはA4判二枚の手書きのものだ。陳述内容には番号が振られ、コクドの書類はすべて自分の署名と印鑑であるとし、さらに康雄とのやりとりについてはこう記している。
《4、平成十四年十一月初旬ごろから、中嶋康雄さんから度々自宅に電話があり、また訪ねてこられた時も不在であったので菓子折を置いていかれたこともあった、後在宅中に電話があり、なつかしいから是非一度逢いたいと執拗に言われ要件も承知しないまま平成十四年十二月五日に、池袋のホテルメトロポリタンで会いました。そこで食事やお酒をご馳走になり少し酔ってしまいました。そのとき乙二十三号証の名義書換請求書の書類を見せられ、署名、押印は君のものかと聞かれました。そのとき見せられたのは乙二十三号証の写しでしたので少し酔っていたのと、うす暗い場所であったのではっきりせず私の字でないような気もするけれどわからないと言いましたが、後日乙二十三号証の本書を㈱コクドの方に見せてもらいますと間違いなく私の署名・押印でした》
　そしてさらに奇妙なことに陳述書は最後にこう締めくくられている。
《5、名義書換請求書の名義人以外の署名・押印は私の自筆印鑑であることを証するため

陳述書を自筆し、同じ印鑑を使用しました。以上》
いったいこれはどういうことか。
しかし、この中島の陳述書に先立って提出された康雄の陳述書に、その謎を解くカギが隠されている。まるで中島の陳述書の展開を予想したかのようなやりとりが、それ以前に行われていたというのだ。
以下、康雄の陳述書から——。
《中島一氏に電話をしたところ、中島一氏が、突然、『良く、考えたら、あの字は、私の字だし、印も私のじゃないかと思うんだよ』と言い出しました。私は、『ピンさん、それは無いだろう、貴方、あの時、はっきり言ったじゃない　あっ、そうか、コクドから言われたな……そうだとピンさんは答えられないだろうから、十秒だけ、電話口で黙っててくれれば、私が勝手に解釈するから』と申したらしばしの沈黙がありました》
康雄と中島が接触したことを知ったコクドが、その段階で早急に中島に連絡を取るのは防御側としては当然の行動ともいえる。
《中島一氏も、被控訴人（コクド）より大変叱られてこの様な陳述書を書いて出さざるを得なかったのでしょうが、真実は追究されなければいけません。（中略）中島一氏の陳述書は息子を人質に取られ、被控訴人より、叱られて、心ならずも、嘘を書かざるを得なかった陳述書と思います。（中略）尚、国友会という組織は堤家の財産を守るために名義借りをして、株を操作している組織です。最後になりますが、富と権力を持ち、私に不可能は無いと豪語する堤義明氏が真実まで捻じ曲げてしまうのか？　私は、平成十四年十二月五日の、中島一氏の証言が真実であると思います。以上》

こう結んだ陳述書で康雄は、静かな怒りを滲み出させている。

ワープロで打たれた康雄の陳述書に対し、中島のそれは手書きの箇条書きで、乱雑な印象を受ける。さらに文章は吟味したものとは思えず、その句読点の打点は口語と文語の入り混じった雰囲気を与える。あえてうがった見方をすれば、書くべきポイントを第三者から指摘され、その要求をすべて我が物として受け入れることには逡巡しながらも、自らの良心をまっとうするだけの勇気もない。

そんな状況下で書かれたものであるようにも思える。

箇条書きの項目、個々の陳述も三行程度と短く、陳述書としてははなはだ不備な感は否めない。必要最低限のものだけを記そうとしたかのようだ。

そして、その記された内容は、コクドの書類を正当化し、敷衍《ふえん》するものであり、そこに、現場の状況を再現して説得力をもたせるだけの具体的な描写はいっさいない。唯一あるのは、康雄とのやりとりを否定する記述だが、陳述書全体を通した印象は、「署名は自分、印鑑も自分のもの」ということを具体的な状況を展開せずに、連呼しているというものに終始している。

前述のように、結局、高裁判決も康雄側の敗北に終わるが、判決文では、

《忠三郎が株券を受領したことを裏付けるべき書証も真正のものと認め難いなど、株式をめぐる被控訴人（コクド・筆者注）の事務処理には不審の点も多くあり、株式の譲渡の事実に疑いを抱かせる事情があることは否めない》

と、コクド側提出書類の信憑性に明確な疑問を呈していた。

浮かび上がった「国友会」

中嶋康雄が裁判に訴えた「株主権存在確認」は、最高裁への上告棄却というかたちで最終的に否定された。だがこの裁判は、これまで謎とされてきたコクド・西武グループの支配構造の秘密を暴く突破口となった。

その最大の〝功績〟、それは、表向きはコクドの社員持ち株会とされる「国友会」の存在を明らかにしたことだ。

国友会こそは、堤家の財産管理の基本スキームであり、それは社員持ち株会というかたちをとりながら、実質的にオーナーである堤家の相続対策と節税対策を完遂するためのも

のと見られていた。だが、コクドは非上場会社であるという事情から、その株主構成や株式管理の実態が詳らかになったことはなかった。そしてもちろん、国友会についてもその存在と運用は完全なブラックボックスになっていたのだ。

そもそも、国友会という組織は実在するのかどうか。そして、その構成員は誰で、いつ始まったものなのか。当のコクドはその存在についてほとんどの場合、「ノーコメント」を貫いてきた。だが、その謎に包まれた国友会の存在が、コクドの元常務取締役で現常勤監査役の津島淳雄による一審の証人尋問で裏づけられたのだ。

康雄の代理人弁護士と津島との東京地裁でのやりとりを尋問速記録から拾ってみる。

《――あなたは国友会という組織を知っていますか。

「はい、知ってます」

――その組織は何をやってる会社ですか。

「会社の持ち株会です」

――いつごろできた組織ですか。

「できたのは、昭和……四十年ころでしたかね……三十年でしたか、三十年の終わりか四十年の初めですね」

――社員の方が構成員ですか。

「そりゃ社員で構成してますね」

――社員の方々は、皆さん自分で直接おカネを出して持ち株会で購入してましたか。

「ええ、それはもう当然のことですね」

――おカネを出したという事実はまったくないんじゃないですか。

「いえいえ、とんでもありません」》

実は、この国友会を考案した人物こそが、康雄の父、中嶋忠三郎だった。国友会設立の趣旨をうかがわせる記述が、忠三郎の著書『西武王国』に登場する。忠三郎はこのなかで「堤が十五年かけた相続対策」として十六ページを割き、対策の謀議を再現している。なかでも「一族の分裂防いだ相続対策」のくだりはとりわけ目を引く。

〈堤は、正式な個人の遺産というものを徹底的に少なくした。国際興業の小佐野賢治も同じやり方であったが、これは小佐野が堤に学んだものであった。堤は財産の殆どを法人名義と株にしていた。土地にしても、堤個人の名義というのは微々たるものであった。堤が苦心したのは、個人名義の財産をいかに少なくするかということと、それを法的にいかに通用させるか、ということであった。しかし、脱税になっては困る。税の方面は私ではなく別の専門家がやっていたが、脱税にならないようにと苦心していた。その甲斐あって義明や清二達が納めた相続税は、当時としても驚くほど少なかった。東急の五島慶太や大正製薬の上原正吉の遺族達が納めた相続とは比べるべくもなく少額であった。（中略）遺産も殆ど義明が相続出来るように、一応、株を信頼出来る人々に、分散して持たせておいて、後で義明の元に全部戻してもらったのであった。〉

この、〈一応、株を信頼出来る人々に、分散して持たせておいて、後で義明の元に全部戻してもらったのであった〉という部分こそが、「国友会」が担わされていた役割だったと推断できる。堤家の私有財産であるコクド株を、グループ関連会社の社員名義とし、しかし実質は義明が支配する。まさに「借名株」の構図である。

康次郎が死んだのは一九六四（昭和三十九）年四月二十六日。二日前に東京駅八重洲口の階段で倒れ、心筋梗塞と診断された。現役の衆議院議員としての康次郎を突発的に襲った死に対して、急遽、備えてあった堤家の財産管理プログラムを作動させたとしてもなんら不思議はない。

そして国友会がまさにそのプログラムであるとすると、国友会の設立時期として津島が証言した「三十年の終わりか四十年の初め」ともピタリ符合するのである。

印鑑偽造疑惑

中嶋康雄が提起した裁判で、コクド常勤監査役の津島淳雄は明確に否定したが、今日問題とされているコクド・西武グループの「借名株」の手口はまさに、社員の知らないところで勝手に名前を使われ、株主にさせられている、というものだ。高度情報化社会の現代にそんな常識外れなことを可能にさせていたのが、〝印鑑〟の秘密である。

康雄は一審で津島を相手に、こう尋問している。

「私が昭和四十五年（一九七〇年）にコクドにお世話になったときに、私は資材を購入する立場におりまして、総務部から、印鑑を発注されたことがあります。（中略）そのときにいろんな形の印鑑を作ってるんです。これはあなたも御存じのように、コクドにイシダという専務がおりますが、この兄貴がイシダ印房という会社をやってまして、この会社に判こを全部発注しておりました。私が発注の窓口でした。今思ってみると、国友会がその中でいろんな人の判こを必要としたということで、それも実印に近いような判を作ったり、何でこんなに意図的に判こが、いろんなあれがあるんだろうということで、疑問を持ったことがあります」

「あるいはあなた（津島）の部下が書いて、全部堤家の財産管理のために、あるいは国税庁の同族認定を受けないため、あるいは堤家が、御無礼な話ですけど堤義明さんに万が一のときには、堤家の財産としてコクドが守れるように、全部やられていることだというふうに、私は証拠も全部持っておりますが、これはいかがですか」

これに対し津島は「まったく事実と反する」と一言述べるだけで、具体的な反証はしていない。

康雄がここで言及した「イシダ」とはコクドの石田耕司専務取締役を、「イシダ印房」とは東京・虎ノ門に現在も店を構える石田印房のことを指す。石田印房の店主の石田隆一は義明が在籍した早稲田大学観光学会の一年後輩で、コクドの石田専務の兄にあたる。

その石田隆一によれば、「現在、コクドとの取引は月に五千円程度」という。石田印房の事務所の棚には、コクドやプリンスホテルとの取引内容を記録した顧客台帳が大切そうに置かれている。背表紙は茶色く変色し、その年代の古さをうかがわせる。

「注文を受けて印鑑を作っても、それが何に使われるかまではわかりませんからね」

と石田は話す。

石田がコクドによる名義借りの真偽を知っていたかどうかはわからないが、こんな興味深い話をしてくれた。

「印影から印鑑を偽造するのは不可能なんです。最近ではパソコンが出てきたっていうんで、それをスキャナーで読み取ればできないこともないなんて言われていますが、材質もさまざまな印鑑を、手彫りで印影からまったく同じにつくることはできないでしょう」
確かに古くは象牙から石、木まで印鑑に使われる材質は多様だ。だからこそ、印影を登録することにより、高い証拠能力と信頼性が保たれてきた。筆跡と印影を照合することは、長らく本人の意志を確認する智恵であった。

しかし、西武鉄道を始めとするグループ三社で発覚した「借名株」の手口は、その古くからの智恵を一足飛びに超えたものだった。印鑑を偽造するのではなく、本人の知らないところで印鑑を独自に作ってしまっていたのだ。

西武側が作成・用意した印鑑が名義人本人のものでなくても、まったく問題はなかった。会社が名義を無断で使った書類を作成する場合、最初から最後まで同じ印鑑を使えばかまわないからである。「偽造」は不可能だが「模造」は可能であり、「模造」であっても書類管理上有効であるという、誰も考えつかなかった犯罪行為を、西武グループは何十年も前に〝発明〟していたのであった。

これでは裁判において中嶋康雄が、「父親の筆跡でもないし、印鑑も親父のものと違う」といくら訴えても、コクド側には滑稽な姿に映っただけだろう。

コクド側の手口は、忠三郎の印影から印鑑を偽造するのではなく、あらかじめコクド側で用意した「印鑑」を一貫して使っていたのだから、書類上も手続上もなんら不備も落ち度もないものだった。要件としては完璧な書類が何十年にもわたって整えられていたわけだ。

西武鉄道は康次郎の死後、広尾の邸宅で管理されていた一千二百人分の印鑑を、コクド経由で管理委託され、本社に保管していたという。

だが、たとえ「印鑑」があっても、本人に知らせないまま何十年もの長きにわたって組織として株式の名義書き換えを密かに続けていたとすれば、よほど手の込んだ仕掛けが必要になるのではないか。

かつて約三十年にわたって大手証券会社で企業の株式管理に携わってきた初老の元証券マンはこう話す。

「借名株は可能かどうかという点では可能です。もちろん株式を保有すれば当然、株主総会の通知や配当金の受領など多くの本人確認書類が必要になってきます。しかし、印鑑と署名を組み合わせたうえで、もろもろの確認作業を会社に委任することはありえます。株主総会の通知も、ある事情があって本人の自宅以外の場所に送るように一筆取った書類を用意しておけば、事務処理上、問題はありません。現在でもこんなことをやっている企業があるとは信じられませんが……」

その信じられない企業こそが、コクド・西武グループなのである。

株支配の「番人」

このいびつなコクド・西武グループの株支配構造を支えているのが、社内でもごく限られた「番人」たちだ。前出の津島淳雄は、康雄の裁判で入社一年目からこの株券管理業務に携わってきたことを明かしている。津島は二〇〇四年十一月現在、コクドの常勤監査役だ。つまり四十六年という半世紀近くにわたり、一貫してこの業務に没頭してきたことになる。

〇四年十月、西武鉄道が「約千二百人・約一億株の個人名義の株がコクドとプリンスホテルの実質所有であった」ことを明らかにした際、西武鉄道は同月十八日の国土交通省の聴聞に対してこう答えている。

「昭和三十九（一九六四）年からこの間、名義書き換えがあっても継続的にコクドが保有していた。名義書き換えの指示もコクド側からあった。触れてはいけない案件として総務部株式係が慣例としてずっと処理してきた」

そして十一月一日、近江鉄道でもこうした借名株の存在がわかり、「昭和五十六年以降に近畿財務局に提出した有価証券報告書の大株主状況などに虚偽記載があった」と発表した。この借名株の虚偽記載に使われた名義人には近江鉄道の中島敏夫社長も含まれていた。

中島は〇二年の就任直後にこうした事実に気づいていた。しかし、「担当者から慣例だと言われ、そんなものかなと思っていた」と素直な心情を吐露している。

中島敏夫は借名株が発覚してからまもなく、〇四年十一月三十日付で引責辞任した。

これら三社の子会社の中心に位置するのがコクドである。津島は、そのコクドの株券管理業務に今日までおよそ四十六年間にわたり関与している。実際、コクド側が提出してきた証拠書類の多くには津島の担当者印がところどころに押されている。そうして、津島の担当者印はヒラの係印から、ある時期に課長印に変わっている。一九五八（昭和三十三）年のコクド入社以来、順調に番人としての階段を上がっていく様子がうかがえる。

グループ企業のうち、借名株が発覚した西武鉄道、伊豆箱根鉄道、近江鉄道のうち、西武と伊豆箱根の二社はいずれも上場会社である。上場会社であれば、届出書類の虚偽記載に当たる。そのためにやむを得ない「公表」となったことは想像に難くない。

そしてその三社がすべてコクドからの指示があったと認めているなか、当のコクド本体と、そして津島だけは沈黙を守っている。

一方、康雄が裁判を起こす前からコクド側の窓口としてやりとりを行ってきた総務部次長の木内保が〇四年十一月十九日午前十一時ごろ、山形県の海岸で死んでいるのが見つかった。証券取引等監視委員会による連日の事情聴取が行われているさなかのことだった。

木内は借名株にからむ西武鉄道株の事前売却事件で、「インサイダー取引」の実態を深く知る人物と見られていた。また、津島と並び、コクド・西武グループの株管理の全貌を知る一人として、捜査当局がもっとも注目していた人物でもあった。

五十四歳になる木内は、監査役として一線を退いていた津島に代わり、コクド・西武グループの株支配の実務を担っていたと見られている。十一月十九日に両手に大きな鞄を抱えて埼玉県入間市の自宅を出ていた。その後の行方がわからず、二十日には家族によって捜索願も出されていた。警察当局は入水自殺とほぼ断定した。

木内がなぜ、死に場所に山形県温海《あつみ》町を選んだのかはわからない。貝を拾いに来ていた男性に発見されたとき、木内は「黒色のズボンに黒色の靴、黒色のジャンパー姿だった」(十一月二十七日付「毎日新聞」)という。

自宅を出るときに両手に抱えていた大きな鞄はいまだ見つかっていない。

義明はかつて、住友銀行の会長だった故・磯田一郎との対談で人事異動についてこう語っている。

〈**堤**　あと面白いんですけど、同じ仕事を長くさせなきゃだめだということです。

磯田　やっぱりプロをつくらんといかんですね。

堤　総務で育つのと経理で育つのは違うんです。私の会社は経理部は経理部、ずっと経理部。総務部は総務部でずっと総務部。だから各職場へ入ったら異動はなくて、そこで上り詰めるんです〉（「週刊ダイヤモンド」一九八四年一月七日号）

義明のそうした人材論と機構論が、図らずも一人の男の命を奪ったと言えなくもない。「秘密を守らされた」木内もまた、西武という闇の犠牲者の一人となった。

大きな謎

中嶋康雄とコクドとの株券をめぐる争いの裁判では、実は、両者ともに説明のつかない大きな謎が提示されていた。

コクド監査役の津島淳雄の陳述書によれば、昭和三十三（一九五八）年四月四日にコクドが忠三郎に旧い株券の預り証を発行してから、忠三郎がコクド株を完全に手放したとされる昭和五十二年十二月二十二日まで合計八回にわたって忠三郎の株数変動、または株券の譲渡手続きが行われている。この八回に及ぶ「株券管理作業」からほどなくして、必ずといっていいほど国政選挙が実施されているのだった。

時系列で対比すれば次のようになる。

昭和三十三年四月四日　コクドから忠三郎に株券預り証を発行

○同年五月二十二日　第二十八回総選挙

昭和三十三年十一月五日　石塚三郎から一千株を取得
○翌三十四年六月二日　第五回参議院選挙
昭和三十六年六月十九日　前田留吉から一千株を取得
昭和三十六年八月二十五日　一対一の有償増資実施にともなう株数増加
○翌三十七年七月一日　第六回参議院選挙
昭和三十八年七月十日　一対二の無償増資実施にともなう株数増加
○同年十一月二十一日　第三十回総選挙
昭和四十四年十二月頃　一万株を今井博ら九人に売却
○同年十二月二十七日　第三十二回総選挙
昭和四十八年十二月二十七日　一対〇・四の有償増資を実施
○翌四十九年七月七日　第十回参議院選挙
昭和五十二年十二月二十二日　全株を白井久也ほか五人に売却
○五十二年七月十日　第十一回参議院選挙

もちろん、衆議院と参議院選挙はここに示した以外にも行われている。しかし、八回の株券管理作業が行われた前後に、うち七回という確率で国政選挙が実施されているのはいかにも奇妙だ。コクドによって株券管理作業が行われたと見られる時期の直後から遅くとも一年前後に衆参どちらかの選挙が実施されているのである。

コクド側の事情が何かを外から証明することは難しい。だが、忠三郎の株券変動の時期と国政選挙の時期との近親性は無視できないだろう。

土地買収はすれども売却はしない攻めの経営が続くなかで、もともと手持ち資産が潤沢であったわけではないコクドにとって資金の確保は困難を極めたに違いなかった。土地取引であればさまざまなテクニックを駆使できた康次郎も、選挙資金では手形を切るわけにもいかない。選挙には現金が必要となる。「利益を生まず」に膨張を続けるコクド・西武グループからは、オーナーである康次郎の国政選挙に資金拠出する余裕はなかったはずである。とすれば、いったいどこから康次郎の選挙資金を捻出していたのか。

コクドが提示してきた忠三郎の株券管理作業の時期の後に、高率で訪れる国政選挙が暗示しているものは大きい。

忠三郎の言葉

さて、ここで再び話を忠三郎の言葉に戻したい。息子の康雄に提訴を決意させた言葉である。「コクドの株はあるけど、すぐ金になると思うなよ」という言葉には、いったいどんな意味があったのだろう。

康雄はこの言葉を繰り返し、忠三郎が死の直前まで株主であることを認識していた証拠だと言う。確かに、それは間違いないだろう。

臨終の際《きわ》に発した言葉ではない。何かの拍子に思わず口をついて出た言葉だった。

この言葉、準備されていない言葉だったからこそ、真実が隠されているように思われるのだ。

なぜ、「すぐ金になると思うなよ」と言ったのだろうか。

この忠三郎の物言いは、ひとつの仮説を暗示している。

忠三郎自身が自らの株が「借名株」の意味合いを含んでいることを察知していた可能性である。相続対策の枠組みについては、忠三郎自身が回顧録『西武王国』で明らかにしているように、自身も携わっていたものだった。

コクドの株主と株管理の意図と仕組みを鋭く熟知していればこそ、コクド株は「すぐ金になると思うなよ」と口を衝いて出たのではないだろうか。

まるで、呪詛《じゅそ》のような忠三郎の一言は、コクドの株は名義人のものであって名義人のものにあらず、と言い遺しているかのようではないか。

康雄の怒りは、あくまでも父親の真正株をも、借名株として扱ったことに対するものである。しかし、忠三郎が仮に自身として借名株を認識していたとすれば、その所有権を主張する前提が崩れることになる。真正株を借名株として扱ったことに対する「株主権存在確認」は、根本のロジックを破綻させてしまうのだ。

康雄はこの忠三郎名義の一千株が「真正株」であったことの証明をなしえなかった。それゆえに裁判では敗れたのだった。しかし疑念の炎を燃やしつづけた二年間は無駄にはならなかった。

二〇〇四年十月、西武鉄道がコクド管理の借名株の存在を公表したのだった。

帝国は間違いなく揺らぎはじめた。

第六章　「株支配」の構図

帝国解体

二〇〇五年一月十二日付の日本経済新聞は一面トップで、コクドの一千億円規模の資本増強方針を伝えている。

〈堤氏の影響力排除〉

そう見出しが付けられた記事は、まさに帝国解体の幕開けの報せと読める。

〈コクドはグループ約百社の頂点に立つ中核会社。二〇〇四年三月期の売上高（単体）は八百億円強。資本金は一億円強で、堤氏が発行済み株式の三六％を握り、グループ全体の経営を支配してきた。同氏は有価証券報告書の虚偽記載問題で同年十月に経営の一線を退いたが、その後も筆頭株主にとどまっている。

資本増強により堤氏の持株比率は大幅に低下し、経営の影響力を排除できる〉

〈ＣＥＯ　みずほ・後藤氏起用へ〉

コクド・西武グループは、本当に堤支配から脱却できるのだろうか――。

西武帝国の支配の枠組みとなる自己完結型の「コクド経済」の基本構想は、皮肉にも敗戦による財閥解体の中で生み出された。

ＧＨＱ（連合国総司令部）は一九四七年十二月に「過度経済力集中排除法」を定めた。このとき三百二十五社が分割対象として指定されている。ここにはコクド・西武グループも含まれていたが、結局、すぐに指定は解除される。康次郎が政治力を行使したとの見方もあるが、それなりの合理的理由もあった。

堤家と親しい前出の坪内嘉雄は、こう指摘する。

「西武は軍需工場をやっていなかったのが幸いした。東急は五島が満州にカネを出していたのでやられたんだ。西武は鉄道だけだったから」

過度経済力集中排除法は乗り切ったものの、すぐに「財閥同族支配力排除法」という大きな壁が康次郎の前に立ちはだかった。すでにその時期、西武グループは大企業と呼ぶに相応しい体裁を整えていた。その総帥である堤康次郎が財閥家族として認定されればどういうことになったのか。まず公的地位からの退職を強制され、十年間は就任が禁止される。西武グループの経営から退くだけでなく、衆議院議員という立場も剝奪されてしまうのだ。

コクド・西武グループにとって、同族認定を是が非でも避けることが、最優先事項となったはずだ。そのためには、資本を多様化しなければならない。それはつまり、康次郎名義の圧倒的な株支配を分散させることを意味していた。

「分散保有し、かつ離散させず」という枠組みが、そうした時代状況では、消去法で残されたベストの選択となった。そのなかで「借名株」の仕組みが編み出された。従業員らの名義を借りて康次郎の圧倒的な株支配の印象を薄め、資本の多様性をアピールしたのである。結果、康次郎は一九四六（昭和二十一）年から約五年半にわたって公職を追放されたが、西武グループの経営者としての地位は追われなかった。

終生のライバルと目された五島慶太を見れば、その事業上の明暗はより鮮明になる。五島もまた一九四七（昭和二十二）年に公職追放の憂き目に遭った。翌年、彼の東急グループは現在の東急百貨店である東横百貨店、京王帝都電鉄、小田急電鉄、京浜急行電鉄に分割された。「大東急」と呼ばれた帝国はGHQによって解体されたのだった。

「強盗慶太」が築き上げた帝国が分割・解体される一方で、「ピストル堤」の西武帝国は強羅、湯ノ花沢といった関東での買収を再開し、軽井沢別荘地の開発にも着手する。GHQの統治政策のなかで、「分散保有し、かつ離散させず」の株支配の着想は生まれ、実践に移されたのだ。

コクド株の秘密

経営者による企業の統治は圧倒的なものでなければならない。しかし、それは株式の保有において外からうかがい知れるものであってはならない――。

コクド・西武グループの中核会社、コクドはそれを六十年にわたって実践してきた。

一九八一（昭和五十六）年に作成されたマル秘の内部資料によると、コクドの発行済株数は二百九万九千百六十株となっている。しかしグループ各社の株主構成が記載されたこの内部資料でさえ、コクドの株主欄は空白だ。

「コクド経済」の中枢はいまだ完全なブラックボックスなのである。ただ、一連の報道で、堤義明が発行済株数の三六％を保有していることは認めている。

このコクド側の見解が正しいとしても、なお残り六四％については不明のままだ。

その一部が中嶋康雄とコクドとの訴訟で明らかになった。コクド側が、中嶋忠三郎の株が正しく売買されていたことの傍証として、株主名簿の一部を証拠として提出してきたのである。

乙二十九号証と乙三十号証の二枚の紙には、株主の名前と持株数が印刷されている。二通はそれぞれ時期が違うため、株主に重複や変動が見られる。

しかし、中にはきわめて興味深い人物の名前もある。

乙二十九号証

株主氏名	株式種類	所有株数
土屋萬治	普通	三
堤ふじ子	普通	二
角田郁二	優先	一
鶴岡貞雄	優先	一
津久井竹太郎	優先	一
根岸吉松	優先	五〇
根岸善吉	普通	一八
中島陟	普通	一八
中川侃	普通	一〇〇〇
中島忠三郎	普通	一〇〇〇
中島〇〇	普通	二〇〇〇
中島柔子	優先	一〇〇

長村う○	優先	六〇
長村智恵	優先	五〇
中島渉	普通	五〇
中島守	普通	五〇
中村幸一	普通	四〇
中島吉左衛門	優先	三五
長松篤棐	鎌倉	二二
長松篤棐	普通	一二
中田彦太郎	優先	二五
中村○○	優先	二五
永井好信	鎌倉	二三
成瀬正義	鎌倉	二三
成瀬福子	鎌倉	二二
中村孝一	普通	二〇
中込七郎	普通	二〇
鍋島盛太郎	優先	一八

乙三十号証　　三十三年発行新株券

株主氏名	株式種類	所有株数
根岸善吉		一八
中島陟		五〇〇〇
永井博		二〇二〇
中島忠三郎		一〇〇〇
中山博		一〇
長村知恵		五〇
中島渉		五〇
中村幸一		四〇
中島吉左衛門		三五
長松篤棐		三四
中村なつ〇		三〇
中村〇〇		二五
永井好信		二二

成瀬福子　二三
成瀬正義　二二
中込七郎　二〇
鍋島盛太郎　一八
中村倉吉　一七
成島菊次良　一六
中島基治　一五

ナ行の株主が多いのは、コクド側が中嶋忠三郎の記載箇所の前後を抜いて提出してきたためだろう。

この名簿のなかには、はっきりと康次郎との縁がわかる人物の名前がいくつかある。

まず「中島陟」は、土地開発の専門家として国立学園の開発などを康次郎の手足となって支えた創業ブレーンの一人である。後に西武鉄道に吸収される多摩湖鉄道の代表取締役にも名を連ねていた。

「中島忠三郎」は、いわずと知れた康雄の父だ。戦後、西武鉄道に入社し、顧問弁護士としてもグループ全体の対外処理に半生を捧げた。晩年は西武ハイヤーの社長なども務めている。

「中島渉」は中島陟の息子で、戦後、旧皇族や旧華族の土地買収にあたり、情報収集や買収交渉に携わった。「永井博」は一九八一年当時、西武不動産の専務取締役である。

この株主名簿のなかで、はっきりと康次郎の側近として判明するのはこの四人だけだ。残る株主は一般投資家とも考えられるが、上場もしていないコクドの株券を購入するには、コクドか堤家とよほどの縁があると考えるのが普通である。

ここで、乙二十九号証の株式種類を見ると、普通株と優先株に混じって奇妙な分類があるのに気付く。

「鎌倉」とは何か。そして鎌倉株の保有者はいずれもが二十二株で統一されている。

鎌倉二十二株こそは、コクド株を理解するキーワードである。

こうした、企業の外からは意味のわからない分類名は、しばしば同族経営の株主名簿に共通して見られるものだ。

西武における「鎌倉」とは、康次郎の眠る鎌倉霊園を指すであろうことは容易に想像がつく。つまり、これは康次郎由来の株、いわゆる「親引け株」ではないか。

事業協力へのお礼や安定株主工作など、株式発行会社がなんらかの理由で特定の人々に株を持たせることがある。この場合、当然、名義人からの資本金の払い込みはない。いわゆるプレゼントされた「無償の株」の可能性が高い。

こうした「親引け株」の存在はオーナー企業においてはしばしば見られる。

証券関係者が解説する。

「阪急グループを創設した小林一三では『宝塚』、東急グループの創設者、五島慶太の場合は『田園調布』として見られました。西武の場合は、その創業地や縁のある土地でそれほど格式を誇ることのできる光った土地がなかったのでしょう。そこで、『鎌倉』としたのでしょう。見栄というか、いかにも堤康次郎らしいといえます。この親引け株は基本的に払い込みがされていないものが多いので、証券取引法上の法律の網に入ってこないのです。ですから、それが存在していたとしても違法ということはありません。ただ、この親引け株の比率が多いと、情報開示や有価証券報告書などで企業の資本実態を把握するための障害となることから、最近ではこの親引け株に何とか法の網をかぶせようという方向にはあります」

二十二株は、何かコクド・西武グループにとって縁起のある数字なのだろう（ひょっとして、堤の読み、ツツミに引っかけて二十二としたのかも知れない……）。

実際、この鎌倉株を持つ「成瀬正義」の係累だと思われる人物は、確かに康次郎と縁があった。神戸の海運業者、成瀬正行である。一九三九（昭和十四）年、康次郎は広尾の三千坪の邸宅に移った。この広尾の家は、元々はこの成瀬正行のものだった。康次郎は海運王の成瀬から土地と屋敷を購入したのである。

また、「永井好信」も鎌倉株の名義人だが、永井といえば、康次郎が早稲田大学に入学した当時教授だった永井柳太郎を思い起こさせる。康次郎は柳太郎の息子で後に文部大臣となった永井道雄も可愛がっていた。

鎌倉株はやはり、創業者と深い縁のあった人たちに配った特別株であると見ることができる。

では残りの名義人はいったい誰なのだろう。西武グループ全体で数万人の雇用規模を持つなかで、ここに登場する名義人を確認するのは不可能である。

コクドにおける借名株の疑惑において、このコクド側が提出してきた名簿はきわめて重要になる。

西武鉄道におけるコクド保有の借名株が発覚した際、前西武鉄道社長の戸田博之の借名株が三万株もあった。近江鉄道でも、社長の中島敏夫が就任した時点で自身名義の借名株があったと中島自らが明かしている。

役員であっても本人でさえ知らない状況で株を保有させられ、名義人にされているのがコクド・西武グループの株操作の実態である。そうしたコクド傘下のグループ企業で判明した借名株はすべて、コクドからの指示に従って、コクドによる一元的な指示管理が行われていたとされている。コクドを中心にした完全な自己完結型の支配経済を維持するには、経営権と同じ意味を持つ株の保有そのものを、コクドがいついかなる時点でも意のままに管理できる状態でなければならないのだ。

「週刊東洋経済」のスクープ

○四年十月下旬、義明のグループ役職辞任のショック冷めやらぬこの時期、「週刊東洋経済」の岡田広行はコクド・西武グループの財務状況に詳しい金融関係者と接触していた。この関係者は、コクドのメーンバンクである、みずほコーポレート銀行によるコクドへの貸付状況などを知る立場にある。

その人物が黙って机の上に広げた数字を、岡田は丹念に拾ってノートに書き写した。みずほコーポレート銀行やみずほ信託銀行からの貸付は、コクド、西武鉄道、プリンスホテルの三社だけでも二千九十億円、貸付総額はグループ全体でおよそ二千八百八十億円に上っていた。

岡田の取材で、みずほを始めとする主要銀行十九行からの主要三社の借り入れ総額が一兆一千三百四十億円に達していることが判明する。西武グループ全体では、さらに膨らむことは間違いない。主要三社の下に、およそ百社近いグループ企業がある。みずほグループによる融資総額だけでも四千億円近いと見られていた。

岡田の取材ノートに記されたコクド本体の財務状況は、ある現実を示していた。無傷と思われ、その経営基盤の神格性にさえつながっていたコクドもまた、バブル崩壊の余波とは無縁ではなかったのである。

岡田広行と長谷川隆による仔細な財務調査は、〇四年十一月十六日付の「週刊東洋経済」で〈コクド　虚構の含み益経営〉としてまとめられた。すべて独自の取材と調査による完璧なスクープ記事だった。

岡田らの記事は、九四年三月期決算で百一億円あったコクドの営業利益が、九五年に一気に四億円まで落ち込んでいることを指摘した。売上高は九四年が一千百八十八億円で、九五年は前年比で百九億円減少したものの、いまだ一千七十九億円と一千億円以上の数字は維持していた。しかし、営業利益の落ち込みは激しい。

オーナーの義明が「フォーブス」で世界の富豪ランクでトップに輝いた直後のすさまじい凋落《ちょうらく》ぶりである。しかし、こうしたコクドの財務状況も非上場という閉鎖性に阻まれ、一部の金融関係者以外には知られることはなかった。

そして九六年の決算では、ついに二十五億円の営業赤字に転落する。おそらくこれはコクドの創業以来の異例の事態であろう。少なくとも、義明が二十三歳で代表取締役に就任した一九五七（昭和三十二）年以降、初めての赤字転落となったはずだ。

これまでコクド・西武グループの帳簿操作は多くのメディアやジャーナリストによって「芸術品」ともされてきた。とくに西武グループを統括するコクドは、多くの金融関係者に「法人税をビタ一文払わない企業」として認知されていた。

これまでにも至るところで引用されてきたが、それは義明自身の口で一度だけ語られている。

八七年七月、朝日新聞のインタビューに義明はこう語っている。

「国土計画（現コクド・筆者注）が税金を払っていない理由？　それは簡単なことです。利益がないだけ」

非上場企業だけに、帳簿の数字は、部分的に洩れ伝わってくるものをメディアが入手し、報じたものに頼らざるをえない。

九一年十月八日号の「ＡＥＲＡ」に掲載された数字によると、八六年三月期の売上高は六百十一億円、八七年は六百六十億円、八八年は七百六十八億円となっている。すでにバブル経済が絶頂に向かう好況感を反映してか、八八年三月期決算では、前年度比で百億円を超える売上増を記録している。

しかし、この三年間にコクドが支払った法人税額は「ゼロ」である。そして、それはコクドだけではない。

〈法人税ゼロは、国土計画だけではない。グループ中核三社のうち、株式を上場、経営情報を公開している西武鉄道は法人税を支払っているが、やはり非上場のプリンスホテルは法人税ゼロである〉（「AERA」九一年十月八日号）

コクドや西武グループの財務状況に焦点を当てている記事には、この「AERA」のほかにも、ジャーナリストの立石泰則が「文藝春秋」や「月刊現代」で発表したもの、そして前出の「週刊東洋経済」のものがある。いずれも内部資料など社外秘であろう財務関係書類を入手して、公認会計士や税理士とともに分析したものである。

そしていずれの記事も同様の結論を引き出しているのは興味深い。

〈つまり、経常利益が一定でないと申告所得がバラバラになる。逆に言うと、申告所得が一定して赤字の状態になるには、毎年の経営利益が一定して赤字スレスレの微妙な黒字になる必要がある。そして、それが見事に実現されているのが、国土計画の決算書である。では、売上高や営業利益が各年でボコボコなのに、なぜ、経常利益だけが一定しているのか。その秘密は、受取配当金と雑収入、雑損失の動きにある、と公認会計士や税理士たちは読む。国土計画の受取配当金は、株式を持つ子会社からのものがほとんどなので、調整

しやすい。雑収入、雑損失も一般的には調整可能だという〉（「ＡＥＲＡ」・前出）
西武鉄道は、〇四年十月の「借名株」発覚時、その個人名義の配当金、毎年五億円程度を一括してコクドに送金していたことを明らかにしている。結果的に、この「ＡＥＲＡ」の分析は的を射ていたことが証明された。

機能不全

そして、「赤字出さず、黒字出さず、法人税払わず」のシステムが九六年以降、ついに機能不全を起こし始める。

九六年三月期決算で二十五億円だった赤字は、九七年・三十三億円、九八年・四十五億円、九九年・七十一億円、〇〇年・十七億円、〇一年・五十億円、〇二年・七十億円、〇三年・七十五億円、〇四年・九十三億円と九期連続の赤字を記録する。

営業利益も逓減《ていげん》傾向が続き、それはグループ企業との数字のやりくりで帳簿操作をたくみに行うだけではコントロールし切れなくなったことを示していた。

義明自身も業績の悪化は素直に認めている。

〇四年十月十三日の退任発表の席上での記者とのやりとりである。

「九月終わりから西武鉄道の株価が下がっており、証券市場ではコクドの経営不安説が流れていた。金融庁の特別検査でコクドの過剰債務や八期連続赤字が問題にされるのではないかとも見られているが」

そう訊かれた義明はこう答えている。

「業績に関しては、北海道で二十億円、東北で十四億円、新潟で十億円の赤字が出ている。地域開発の赤字が成績を押し下げているが、コクド自身は非常に資産があり、事業を止めればいっぺんに内容がよくなる。ただし地方の陳情もあり、それはできない。いちばん経営を圧迫しているのは、倒産企業を銀行が助けていることだ。せっかくカネをかけてオープンさせたゴルフ場を十分の一の値段で外資に売却、そういうところと競争しなければならない。片方は債務を十分の一に圧縮したうえで営業攻勢に出ている。それはそれとして、我々は長いつきあいで地域開発から引き揚げないで頑張っている。周りの三セクはすべて倒産している。このままでは北海道に誰も行かなくなってしまう。とはいえ、当社は体力はあるつもりだ。私なりにバランスシートを作ってやっているつもりだ。経営危機という指摘は理解できない。銀行の頭取からも、一度として赤字事業を閉めてくれとか、北海道から退いてくれと言われたことはない」

コクドが全国に展開する営業施設は、ホテルやスキー場など百を優に超える。義明は赤字が続く理由として地域自治体の要請という公的要請の側面を強調するが、経営不振に対しては強気である。

銀行からもその方針に異議はないと胸をはるのもそのはずである。その理由は、義明自身も挙げている資産の豊富さにある。

しかし、そこには先代の康次郎から引き継いだ土地資産だけではなく、上場企業の西武鉄道そのものが〝魔法の杖〟とも〝打ち出の小槌〟ともなりえたトリックがあったと、「週刊東洋経済」の岡田は指摘する。

「八九年九月、西武鉄道の株価は上場以来最高値となる八千円を記録しました。このときにコクドが所有していた西武鉄道の株式数は約二億一千万株ありました。コクド所有分は時価総額では一兆六千億円を超えていた計算です。この無尽蔵ともいえる西武鉄道株の含み益があったからこそ、コクドは資本金わずか一億円の過小資本主義企業でありながら、借金を積み重ねることができたんです。でも、それは、コクドに上がってきた利益を税として払わないためには調整も効いてうまい手段だったんですが、これは実は今日のようなデフレ状況になるとかなり脆《もろ》い面があるんです」

発覚した「借名株」との関係でも、そのコクドが培ってきた独自システムの機能不全は説明がつく。岡田は続ける。

「ありていに言えば、西武グループは、市場に出回る株を極端に少なくすることで西武鉄道の株価を吊り上げ、その高株価を信用の拠り所として、グループの膨張を続けてきたということです。つまり、土地とは異なる含み益というもうひとつの信用の下支えがあったからこそ、コクドのシステムは維持しえていたとも言うことができるのです」

しかし、義明は実態としては虎の子とも言えるこの西武鉄道の上場について先の会見で珍妙な回答をしている。

「(西武鉄道が) なぜ上場しなければいけないのかわからなかった。コクドは昔は箱根土地という社名で、西武鉄道と武蔵野鉄道が破綻したことを受け、再建させるために引き取った。西武鉄道と武蔵野鉄道が合併した際、肩身が狭い思いをさせたくなかったので、吸収される側の西武鉄道の名前を残して従業員と一体で運営してきた。ストは一回もない」

西武鉄道が上場したのは一九四九年である。上場五十五年目にして「なぜ上場しなければ……」とはあまりに株主を食った物言いで、会見場では失笑さえ誘った。

「ストが一回もない」のは、康次郎の伝記や西武グループの歴史においてしばしば繰り返される有名なエピソードのひとつだが、義明が開陳する理由は昭和初年の話である。現在はすでにグループ各社を取り巻く事情は大きく変化している。

コクド側に、「土地資産」が資金調達のすべての力の源であるという神話がかなり意識中枢まで浸透していることを、義明の回答は象徴している。だが、八五年から九〇年までの五年間で、はちきれんばかりに膨らんだコクドの土地資産は、当然、バブル経済の崩壊で一気に評価額が萎《しぼ》んでいる。九〇年以降から現在まで、義明自身が、銀行からは何も言われないし、借入金などの資金調達に余裕もある。それは土地資産が十二分で豊富だから、という認識を持っていたとすれば、それこそは「バブル神話」を現在まで遺す時代錯誤だろう。

岡田の前に金融関係者らが広げた数字には、そんな義明の〝驕り〟を戒めたいという銀行側のさりげない意図もあったかもしれない。そして「週刊東洋経済」はある結論を導き出した。それは、コクドが実は経営危機に近づいているという結論だった。

〈コクドが保有する北海道や東北のプリンスホテル（リゾートホテル）、ゴルフ場の多くは低稼働率にあえいでおり、コクドは二〇〇四年三月期には、営業利益に減価償却費を加えた『推定営業キャッシュフロー』がマイナスに転落した。営業キャッシュフローは、実際に本業でどれだけ現金を稼ぐことができたかを示す。このマイナスが二期、三期と続くようであれば、『利払いすらままならず、資産を切り売りしないかぎり、借入金を返済できない状態』に陥る。さらにバランスシートでは、〇六年に導入される土地、建物、設備への減損会計によって、含み損の実態が明るみに出る可能性もある。〉（〇四年十一月六日号）

堕ちた西武鉄道株

コクド・西武グループの統治の様子を知ることができる内部資料がある。これも中嶋忠三郎の貸金庫から発見されたものである。

一九八一（昭和五十六）年当時のコクド役員会に提出されたもののようだ。

二〇〇四年三月の利益供与事件に先立って国税庁も入手しているといわれるこの資料は「関連会社の概要」というタイトルで、五十一ページにも上る分厚いものだ。表紙にはマル秘の判が押され、一部ごとに通し番号が振られているのは、役員会終了後、総務担当者が全部数を回収・確認するためだったのだろう。

内容は、コクド・西武グループ全企業の決算実績のほか、奇々怪々に入り組んだグループ企業間の株の持ち合い状況の一覧図も掲載されている（次ページ参照）。

さらに、グループ企業個々について、仔細に大株主の持株比率などが記されている。だが不思議なことに、国土計画（現コクド）だけが、大株主とその持株比率が空白になっている。

昭和五十六年といえば、アメリカの大統領にロナルド・レーガンが就任し、国内では翌五十七年からおよそ五年にわたってつづく中曽根康弘による長期政権の下地が整えられて

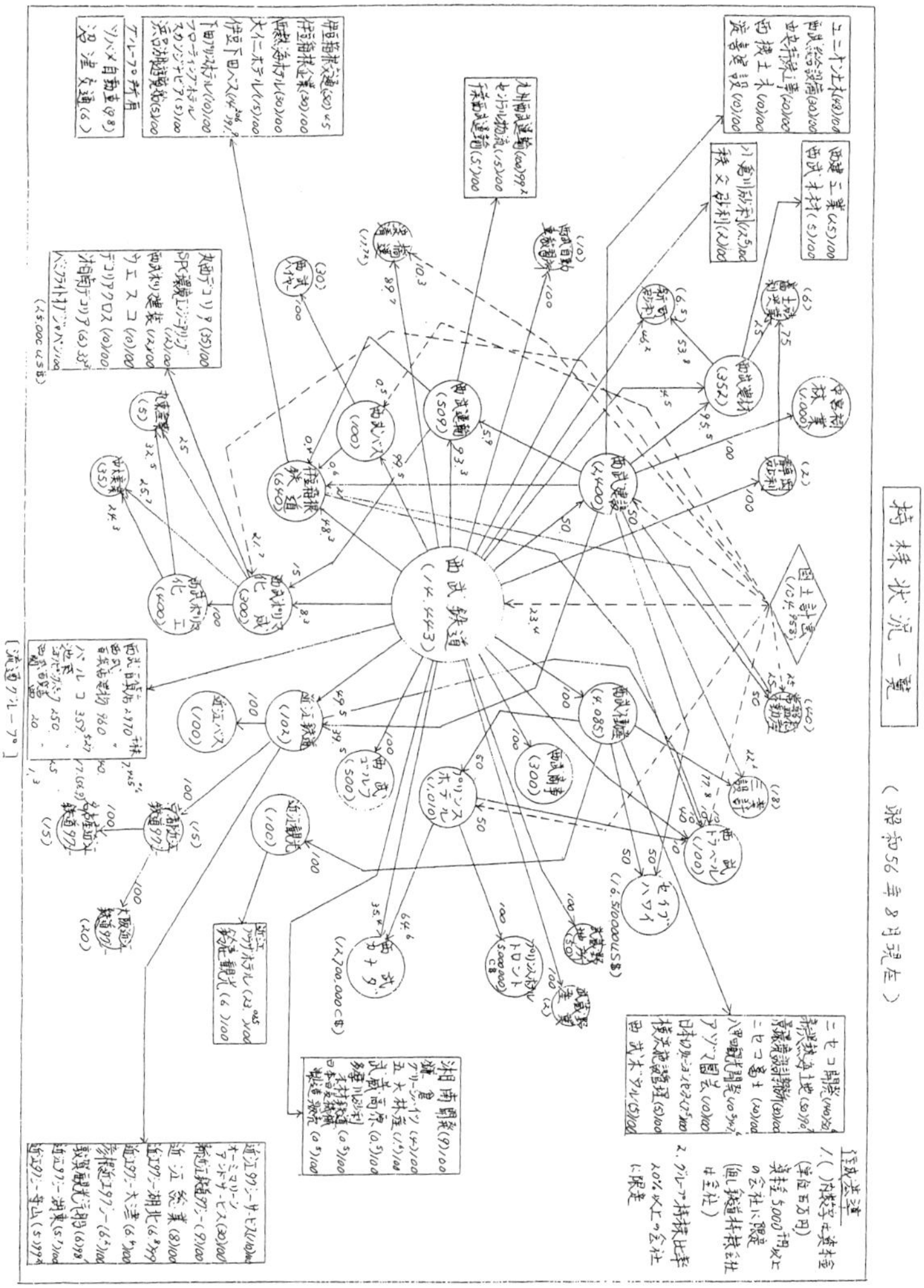

「持株状況一覧」と題された㊙内部資料

いた時期である。国鉄の累積債務は六兆五千億円を突破し、もはや国策によるインフラと公共基盤の整備は限界を見せつつあった。

そのなかで、関連会社百十三社を数える西武グループは五千八百九億八千八百十七万円を売り上げていた。社債を含めた借入金総額は四千七百三十二億六千六百五十九万円に上る。

「週刊東洋経済」の取材で判明した〇四年三月期の借入金は、西武鉄道、コクド、プリンスホテルの主要三社だけで一兆一千三百四十億円である。この三社系列に絞って昭和五十六年の役員資料を見ると、借入金は二千五百三十億四千七百四十万円となっている。きわめて大雑把だが、二十年間で借金はおよそ四倍になった計算だ。

忠三郎の貸金庫から発見された役員会資料によれば、西武鉄道の発行済株数は二億八千八百八十七万株となっている。そのうち国土計画が二四・九一％にあたる七千百九十五万五千株を保有し、安田信託銀行が二・九一％の八百四十一万八千株、三井信託銀行が二・七三％の七百八十九万一千株をそれぞれ保有している。

このとき、本社は埼玉県所沢市ではなく、まだ東京都豊島区南池袋にあった。

西武鉄道の株価はすでにその当時から高水準にあった。しかし、増資をすることはなく、常に借入金に依存する経営方針だった。その「理由」はなにやら示唆に富む。正伝『堤康次郎』には、こんな記述がある。

〈西武鉄道の小島正治郎専務は『社債の出せる限り社債で賄い増資は控える』(『東洋経済新報』昭和二十八年二月八日)方針であると語っていた。このように西武鉄道は、新線建設や設備の拡充に要する資金を増資ではなく社債や借入金に依存していたので、資本金は過小気味であった〉

〈西武鉄道の株式は『他の電鉄株に比べ三倍の高値』(『東洋経済新報』昭和三十年三月十二日)であったが、当時は投資対象としてではなく、もっぱら投機の対象としてみられていた。『ダイヤモンド』(昭和三十五年七月二十五日)は、西武鉄道が増資を嫌い資金調達を社債の発行や借入金に依存しているのは、『借金による利息負担のほうが株主資本の配当負担より軽いから』といわれているが、『根本的には、経営首脳部の小資本による経営権の完全支配という思想がある』と指摘した。事実、康次郎は、比較的小資本のもとで、西武鉄道の完全支配と企業成長をめざすにいたったのであり、やがて同社の株式は高値で安定をみるにいたった〉

　この西武鉄道株の高値安定は、実は勝手に売られることのない「借名株」によって維持されていたのだ。しかし、「借名株」の存在を知らない銀行など外部からは、西武グループの経営基盤はしっかりしていると誤解して認識されたはずだ。

ところが義明は、そうした「借名株」がもたらしてくれたもう一つの意味を理解してはいなかった。

西武鉄道の「株」と「上場」は、創業者一族の思惑とはかけはなれた別の思惑を持って西武グループを支えていたのだ。そしてそれは、バブル経済崩壊後にも表向きには痛手を見せず、安定した借入金の獲得と返済を可能にした。まるで西武グループはバブルとは無縁で、バブルを乗り切ったかに、投資家たちには映ったに違いなかった。

しかし、コクド本体は九六年に赤字転落し、以後、九期連続で赤字を続けている。この現実は、もはや長く培われたシステムが機能不全をさらに加速させている事実を強く印象づけたものだった。

〇四年十月十三日、堤義明は自身が「時代錯誤の経営者」であったことを認知できないまま、全役職を退いた。社会から非難を浴びるその理由は、最後まで理解できなかったのだろう。それは会見での次の発言に表れている。

「昔からあったのを踏襲した。二十年とか三十年とか、私が入社したときからそのままだった。なぜこんなことをしたのかわからない」

それは素直な思いだった。堤家の商売のあり方として、身内において培った文化を疑うことなど、発想としてありえなかったのだ。義明は経営者としてあまりに長い時間を過ごしすぎたのだ。

「また本件は、憶測するほかない部分がありますが、何分古い過去の手法を今日までひたすら踏襲してきたようです。いわば古い体質に起因していると言わざるを得ず、このため、適切な対応を怠るという結果になりました。その意味で、この際、私が第一線をすべて退くことにより、コクド及びグループ各社が、こうした過ちを繰り返さない企業として新しい発展を遂げて行くことを期待するものであります」

「借名株」の由来

二〇〇四年十月十三日の堤義明の全役職辞任によっても、西武鉄道は上場廃止を免れることはできなかった。東京証券取引所は約一カ月後の十一月十六日、長年にわたる組織的関与も認められるとして、西武鉄道の上場廃止を通告した。

西武鉄道側の経営改革委員会の立ち上げなども考慮されることはなく、その悪質性が厳しく断罪されたかたちとなった。それはとりもなおさず、市場軽視の西武鉄道の体質をもはや世論が受け入れないことを意味してもいた。

その「上場廃止宣告」の四日前の十二日夕、西武鉄道は品川プリンスホテル三十六階の宴会場「札幌」で緊急会見を開いた。すでにその日の朝刊で日本経済新聞が西武鉄道の東証上場廃止が決定したと報じ、株価は値がつかない状態が続いていた。

会見は日経の報道を受けたものではなく、以前から決まっていたものだった。日経朝刊の報道は、上場継続を訴える予定だった西武鉄道の思惑を見透かすかのように、まさにトドメを刺すものだった。

西武鉄道の小柳皓正社長以下、役員五人が出席した会見はものものしい雰囲気に包まれていた。

直前に配られた報道資料にあった「コクド管理株の発生の原因・経過等について」というA４判十二枚にわたるレポートがメディア関係者の注目を集めたのだ。

それは、西武鉄道が社内関係者から独自にヒアリングを行い、なぜ「借名株」が長い間放置されてきたのかを調査した中間報告だった。十月十三日の「借名株」問題発表からおよそ一カ月間の調査内容を公表したものだ。

そこに記されていた〝公式〟の報告は驚くべき内容だった。それは、中嶋忠三郎の息子、康雄が〇二年三月に起こした「株主権存在確認訴訟」での原告側主張を敷衍するかのような内容だった。この調査報告書の名義主体が西武鉄道ではなく、コクドと入れ替われば、そのままそれは康雄の主張を裏づけることになる。だが、西武鉄道取締役総務部長の森健司は会見で、この調査はあくまでも西武鉄道の責任で行ったものであることを繰り返し強調した。

報告書で触れられている内容は西武鉄道に限定したものであって、コクドとは関係がないと言いたいわけだ。

《コクドと当社は、株式の所有関係を通じて、株主と発行体という関係ではありますが、本件の問題に関しまして極めて微妙な関係にあり、現在、同社に事実関係を問い合わせて内容を確認しあうという関係にございませんことから、当社としても十分に情報を入手できない状況にあります》

資料の一ページ目にはこう記されている。万一のとき、コクドへの報告書の筋道を断ち切ろうとする〝本丸〟温存の配慮を漂わせている。

記者会見で配られるこうした資料が一般の目に触れる機会はほとんどない。記者は資料を基に記事を書くが、新聞にしろ雑誌にしろ、資料そのものを掲載できるだけのスペースがないからだ。そこで、ここから先は、このメディアを驚愕させた資料の注目部分を引用しながら論を進めることにしたい。コクド・西武グループの主要企業の一社である西武鉄道自らが、帝国支配の根幹にかかわる「借名株」問題をどうとらえ、どう評価し、どう説明したかがわかる、第一級の資料となるからだ。

なお、「借名株」をこの報告書では一貫してコクド管理株と呼んでいることをお断りしておく。

《(1) 発生経緯

①昭和三十九年以前

そもそも、コクド管理株が如何なる事情によって発生したのか、更に、コクド管理株が如何なる事情によって発生したのか、更に、何時発生したのかについては、現存する資料をどのように調べても、よく判りませんでした。但し、コクド(当時、国土計画興業株式会社)には、昭和三十九年まで、西武鉄道の株式を管理する部署は存在せず、グループ創始者である故堤康次郎氏の事務所である「堤康次郎事務所」(同事務所は、コクド本社には無く、当時、「広尾分室」と呼ばれていたようです。)が、その株券管理を一括して行っており、所謂、コクド管理株は同事務所に保管され、各種の手続きがその場で行われていた模様です。なお、当時から、コクドでは、決算上、所有する西武鉄道株式をコクド管理株も含めて一括計上していた模様です》

ここに出てくる「堤康次郎事務所」というのは、初めて聞く名前である。その実態を確認できる資料はこれまで見つかっていない。広尾分室というのは康次郎の自宅を指すものと見られ、この屋敷で事業らしきものが行われていたとすれば、それは康次郎を中心とした「火曜会」のことを指す。

出席者は康次郎、操、義明、清二、小島正治郎、宮内巖、そして中嶋忠三郎である。この最高意思決定機関である「火曜会」で、グループの重要議題が話し合われた。そしてこの「七賢人」の前に、しばしば傘下企業の重役らは呼び出され、事業内容や報告を行っていたのである。

あるいは、康次郎の個人資産を管理するため、事務所登記をしていた可能性も強い。広尾の三千坪の邸宅もまた〝事業所〟として税務処理されていた可能性もある。「堤康次郎事務所」の登場は、側近の中嶋忠三郎が書き遺したように、徹底した個人資産の分散と税金対策というキーワードに、さらに説得力を持たせている。

《現在、当社において過去に遡って調べた限りでは、おそらくですが、昭和三十二年にはコクド管理株が存在していた模様であり、それ以前から、このようなコクド管理株が存在していた可能性もあります。しかしながら、昭和三十二年以前になりますと、その当時の事情や経緯を知っているものは最早皆無であり、それ以上、過去に遡った調査はできませんでした。

なお、コクド管理株の発生は、ごく一部の例外を除くと、昭和三十九年以前に発生している模様であり、そこで使われている個人名について、当社の元従業員の名前も相当数見

られます。ただ、実際に、どの程度の比率で、当社の元従業員が含まれているかについては、昭和三十九年に当社に入社したものは、当社本体には既に残っておらず、追求できませんでした（因みに、株主名簿で使われている名義人の住居表示も現在のそれとは異なっておりますし、当社元従業員の数名について確認しましたが、その者の住居地も既に変わっております。）。こうした個人名が、何故、コクド管理株において用いられていたのか、当社の従業員であったもの以外の者は、一体どのような人々であったのかについては、残念ながら究明できませんでした。

なお、名義を用いられていた元従業員数人に確認いたしましたが、そもそも、自分の名前が用いられていることを知らなかったとのことでしたので、株主名簿上の名義人の方々のほぼ全ての方々は、自分の名前が株主として用いられていることは知らなかったものと思われます》

「昭和三十九年」は繰り返すまでもなく、康次郎が死んだ年である。しかし、西武鉄道はその借名株の発生が生前の昭和三十二（一九五七）年に遡ることを明らかにした。七月に大磯ロングビーチが開業し、十月に義明が国土計画興業の代表取締役に就任した年である。

それにしても、昭和三十年代の元従業員などの名前を現在までそのまま使っていたというのはあまりにずさんだ。確認が取れた数人については「そもそも、自分の名前が用いられていることを知らなかった」という。まるで、康雄の法廷での主張をそのまま踏襲するかのような状況が西武鉄道においても起きていたのだ。それを、西武鉄道自らが認めたことになる。

だが、この調査報告書に驚かされるのはここからである。

《②昭和三十九年以降

昭和三十九年四月、堤康次郎氏が死去しました。このことにより、従前、「堤康次郎事務所」で管理及び保管してきた西武鉄道株式（コクド管理株とコクドが名義人になった株式の双方）が、堤康次郎事務所の後始末として、その実質的な所有者であったコクドに移管されることとなり、コクドは同事務所の株式管理業務の大部分を引き継ぎ、当該株式取扱の意思決定を担当役員が、現物管理を総務部が行うこととなった模様です。しかしながら、一部の株式事務については、当社の株式課にその当時、コクドの依頼で、その後移されているようでも有ります》

康次郎の死によって〝個人資産〟だった借名株の管理がコクドに移されたことが読み取れる。コクド監査役の津島淳雄（〇四年十二月退任）が康雄との裁判証言で述べた、コクドの社員持ち株会「国友会」が発足した時期も「昭和三十年（代）の終わりか昭和四十年（代）の初め」だった。この報告書は、こうした津島証言とも一致を見せる。

しかし、西武鉄道はこうした株管理を一体いつから借名株として認識し、どのように扱ってきたのだろうか。

《(2) コクド管理株の存在の認識

現在まで残された資料や、既に退職された方々からの聞き取り等によれば、昭和三十年代から四十年代頃まで、当社の株式担当の者や管理担当役員がこうしたコクド管理株の存在について全く知らなかった訳ではないように思われます。少なくとも、その当時の当社とコクドとの間の関係は、近年の両社の関係に比べれば、遥かに緊密であり、人事交流も存在していた模様であり、当社内部でも極めて少数の人は、この株式の存在を知っていたと考える方が自然に思われます。

その後も、当社内部で、ごく一部の者や株式担当者は、こうした特殊な株式の存在を認識しており、その実質的な所有者は、コクドではないかと理解していた模様です。コクドとの関係が深い当時の役員から、こうした管理株については、全て、コクドの意向及び先例に従って対応するようにと株式担当者に指示をし、それが担当者間で前任者から引き継がれていたため、このことをあえて問題とせずに取り扱ってきた模様です。

なお、詳細については、この点が当局の調査の対象となっているように思われますことから、これ以上の言及をいたしかねることについて、何卒ご理解をいただければと思いま

す。

何れにいたしましても、この意味で、以前開示させていただいた内容については、当社の過去の役員や従業員が、こうしたコクド管理株の存在を全く知らなかったという印象を与えたとすれば、誤解を招く表現であったと思われ、訂正させていただくとともに、誠に申し訳なく思っております。

ただ、近時まで、この株式の実態については、会社内でもごく一部の担当者にしか知られておらず、現在の経営陣に、この問題が引き継がれていませんでした。また、当社では、コクド絡みの問題については敬遠する傾向が強く、あえて、この問題について関与しようとするものはいなかったようです。更に、株式担当者については、異例なことですが、殆ど人事異動が無く、閉ざされた人間関係の中で、前例に従って、処理をしてきた模様です》

コクドでこうした株式管理を一手に担ってきた津島淳雄は、入社以来今日までおよそ半世紀にわたって同じ業務に就いている。西武鉄道取締役の森健司によれば、西武鉄道においても株式担当者は数十年間でわずか数人程度であったという。まるで、中枢の秘密を知った人間には墓場までその秘密を持っていかせるかのような徹底した隠蔽《いんぺい》ぶりである。株式担当者が「異例なことに人事異動がない」のであれば、その人事権を持つ役員がその理由を知らなかったはずはない。株式担当者を配置換えすることで借名株の存在が外に洩れるリスクを認識していたからこそ、人事を凍結してきたのであろう。

《(3) 目的

目的につきましては、ほぼ半世紀前（あるいはそれ以上以前）のことでもあり、また当時を知る者も最早存在しておらないことから、それを突き止めることは全くできませんでした。ただ、この株式が、結局、堤康次郎事務所で、堤康次郎氏が他界するまで、言わば同氏の手許で管理されていたことから判るように、その詳細は、堤康次郎氏とその側近であった人々にしか、おそらく正確には知らなかったように思われます》

「目的は分からなかった」ととれる。だが、これが康次郎の相続対策であったことは、側近の中嶋忠三郎が回顧録『西武王国』で「堤が十五年かけた相続対策」としてページを割いていることからも明らかだった。

一般に相続対策というと資産相続をイメージする。故人の莫大な遺産を相続税対策を含めて検討するというのが通常の相続対策である。しかし、忠三郎の『西武王国』の記述をよく検証してみると、ある推理が強い説得力をもって浮かび上がってくる。

〈堤は財産の殆どを法人名義と株にしていた。土地にしても、堤個人の名義というのは微々たるものであった。堤が苦心したのは、個人名義の財産をいかに少なくするかということと、それを法的にいかに通用させるか、ということであった。（中略）堤にしてみれば、誰が遺産を相続するかではなく、どのように事業を継がせるかが問題なのであった。そして堤は、結局は義明が後継者となるように、レールを敷いたのであった。遺産も殆ど義明が相続出来るように、一応、株を信頼出来る人々に、分散して持たせておいて、後で義明の元に全部戻してもらったのであった〉（『西武王国』）

康次郎の主たる関心は数ある息子の誰にいくらを相続させるかではなく、あくまでも事業継続のためには何をなすべきかであった。

セゾン（旧西武流通）グループを率いる清二が西武百貨店の取締役店長に就任したのが一九五五（昭和三十）年、義明が国土計画興業の代表取締役に就任したのが五七（昭和三十二）年である。ここに示されている就任の時系列は、清二と義明の分割統治を模索していた康次郎がすでにその統治スキームを一九五五年以前に決めていたことを示している。

西武鉄道は、五七年までしか管理株数の実態を捕捉できなかったとしているが、義明の管理株については「非常に古くから」と言葉を濁している。義明の代表取締役就任がひとつのきっかけになっていることは推測できる。

そして利益供与事件で引責辞任した西武鉄道前社長、戸田博之名義でも「社員持ち株」ではなく、「借名株」があった事実を明かしている。それは、「昭和三十九年より後に」発生したものだという。

一九五七年と六四（昭和三十九）年という二つの時期は、義明が事業後継者に決定した時期と、そして康次郎の死亡時期と重なる。この一致を単なる偶然と捉えるには無理がある。それはひとつの意味を持った一致である。

では、その借名株の管理は具体的にどのような手法で行われていたのだろうか。報告書は続く。

《3．コクド管理株に関するこれまでの事務取扱いについて

当社では、通常は一般株主と同様、コクドが社名で正規に所有してる株式の名義書換手続が主であり、同社から手続に必要な書類をもらった上で、名義書換請求等に応じています。しかしながら、コクド管理株に関する諸手続については、当然のことながら、コクドの要請により行われました。

なお、平成十二年三月に、コクドがプリンスホテルにコクド管理株の一部を譲渡したため、現在では、プリンスホテルにもコクド管理株は存在していますが、当該株式に対する取扱いもコクドのそれと同様でした》

借名株の指示主体であるコクドが、すべて主導するかたちで行われていたというのである。西武鉄道は、コクドが名義書換請求を指示し、その指示に基づいて事務処理を行ったと認めている。だとすれば、当然にコクドの説明が必要となるが、コクドは沈黙を守ったままだ。

借名株に使われた個人名は株主名簿には記載されていなかった。株主名簿に名前を載せるなという指示もコクドから来ていたのか、西武鉄道役員から出ていたのかはその組織的関与の「故意」の度合いを確かめるためにも必要になる。

《(3)　印鑑

コクド管理株の各種手続に必要な名義人印鑑は、本年八月まで当社にて保管しておりましたが、これは、もともとは、前記の堤康次郎事務所に存在していたものらしく、その後に、一旦、コクドを経由して、当社においてコクドが指示する方法でこれを適宜使用して欲しいということで、当社に預けられたようです。当社株式担当は、こうした印鑑を、過去から引継ぎを受けた方法で、利用していた模様です（具体的な利用方法は、後述のとおり）。しかしながら、当社では、今春の当社の商法違反事件の反省から、業務全般を見直し、今夏に行った大幅な人事異動の結果として、新任の業務部長と総務部株式担当課長が着任し、当該印鑑を当社が保管していたことに疑義を持ち、こうした大量の印鑑を当社においいて保管する理由がないことから、その後はコクドに引き渡しております》

コクドにおいて個人名の印鑑偽造と名義書換書類の偽造があることを主張した、中嶋康雄の指摘を裏付けるかのような内容だ。西武鉄道は、借名株に名前を使われた元社員数人に対して聴取したが、本人たちも名義を使われていたことは知らなかったという。

だとすれば、諸々の手続きにおいて必要な本人名の印鑑を、コクドや西武鉄道が保有していた事実を本人たちは知らなかったであろう。印鑑もまた、無断で作製されていたのである。

《(4) 招集通知

コクド管理株に関する「株主総会招集通知」は、昨年までは名義人分を作成しておりましたが、そのそもそもの由来については確認できておりませんが(コクドの指示によるものであったのではないかとおもわれますが)、株式担当者間の申し送り事項として、名義人にもコクド及びプリンスホテルのいずれにも送付はしないという取り扱いをいたしておりました。

しかし、今春の当社の商法違反事件の反省から、当社では、業務全般を見直し、少しでも疑義のある慣行をできる限り是正していこうという考え方から、今年からは、株主総会招集通知について、名義人分を作成し、コクド管理株の事務取扱い窓口であったコクドに持参した結果、同社がコクド及びプリンスホテル分を『代理』受領いたしました。

昨年度までの当該取扱いは、今にして思えば不適切な行為であったと反省しておりま

す。》

ここで再び、コクドと康雄との訴訟で提出された一枚の奇妙な葉書の一件が思い出される。乙第五号証としてコクド側から提出してきた株券の受領通知書だ。そこには〝株主〟である中嶋忠三郎の署名押印があるものの、投函場所はコクド本社のあった渋谷郵便局管内で、忠三郎の港区の自宅とは離れた場所だった。康雄はこの葉書に記された署名押印そのものも父のものではないと主張していた。

いよいよもって、西武鉄道で起きていた借名株の処理は、コクドと康雄の裁判で康雄側が主張した疑惑をなぞっているかのようである。こうした手続きはほぼすべてコクド側からの指示によって行っていたというのだ。

《(6) 利益配当

コクド管理株に係る利益配当について、昨年度までの間においては、コクド管理株についての事務取扱い窓口であると理解していたコクド及びプリンスホテルに支払っておりましたが、今年度においては、名義人印の押印が送付されてきた書類になされていることを確認した上で、コクド及びプリンスホテルに支払っております。

昨年度までの取扱いは、今にして思えば不適切な行為であったと反省しております。

また、今年度の取扱いにつきましても、名義人印の押印を確認して配当支払い手続をし

ましたが、これは、上記（４）で述べましたとおり、慣行化されていた問題のある取り扱いの是正策の一環として行なおうとしたものでありました。しかし、現在、翻って考えれば、さらに一歩進んでコクド管理株の所有実態を解明したうえで、当該株式に係わる利益配当を実質株主であるコクド及びプリンスホテルに対して行なうべきであったものと考えております》

この利益配当についてのくだりでは、すでに西武鉄道の苦しさは限界に達したのか、微妙な言い回しのなかに論理の破綻を覗かせている。

西武鉄道は過去ずっと毎年五億円もの配当金をコクド名義の口座に振り込んでいたことを明らかにしている。そこにはおそらく配当の受け取り書類などもなく、その借名株の数量分に合わせた金額を振り込んでいたのであろう。

しかし、今年は違ったという。「名義人印の押印が送付されてきた書類になされていることを確認した上で」とは何を意味するのであろうか。つまり、配当金の振込み先が受け取り証にきちんと押印されたかたちばかりの書類を整えた上で、コクドに借名株数の配当金を渡したということである。

より手の込んだ偽装工作を行っただけに過ぎないではないか。この行為を、西武鉄道は「是正策の一環」と呼ぶ。果たして康次郎が社員の前でさんざん訓示を垂れてきた「感謝と奉仕」の誠実さはどこにあるのだろうか。西武鉄道のその不誠実さを見せられるにつけ、西武グループの「感謝と奉仕」はこれすべて、コクドと堤家のためにのみ存在する概念ではないのかと言いたくなる。

さて、いよいよその借名株が長期間にわたって隠し通されてきた原因を西武鉄道自身が説明するというくだりである。

《4．長年に亘りコクド管理株の存在が明らかにならなかった原因について

現在までに、当社が調査した範囲では、このコクド管理株の問題は昭和三十二年以前に起源を有していることから、また、その当時においては、当社とコクド、更に堤康次郎氏との関係は緊密であったと思われることから、そうした古い時期において、当社の幹部の中に、こうした株式の起源について、知悉《ちしつ》していたものが存在していた可能性も否定できません。また、その後に、コクド出身の当社役員や一部の当社内部の幹部、更には、株式実務担当者は、そのレベルは様々であったと思われますが、当該株式の実質的な所有者は、コクドであることを知っていたり、少なくとも、その点に疑問を持っていた可能性も否定できないところです。

当社株式担当者間では、コクドには社名株式のほかにコクドの管理に関わる個人名義の株式が存在していることが、引き継ぎ事項とされていました。当該株式の取り扱いについい

ては、原則として〝コクドの指示に基づいて処理するように〟と引き継がれ、その他にも、この株式の取り扱いについては、過去の担当者から引き継がれてきた慣行のようなものがありました。これらのことから、株式業務担当としては、こうした株式の真の所有者がコクドであるのではとの疑念をいだいていた可能性もありますが、従前からの特別取扱いを踏襲して引き続き業務を遂行し、コクドに対して当該株式の実態を積極的に確認するまでにはいたりませんでした。

また、当社の役職員の一般傾向としては、最大の株主であるコクドとの関係については関与を敬遠する傾向が強く、基本的に、当社の他部門の者は、こうした問題にかかわることを極力避けていたというのが実態であったために、当社の株式担当は例外的に殆ど人事異動が無いといった状況でしたので、この問題が、社内で広く知られることも有りませんでした。このことが、かかる株式の存在が公にならなかった背景事情にありますし、本年春の商法違反事件を契機とした人事異動が、今回の問題を明るみに出す原因となりましたので、今後は、全ての部門について定期的な人事異動を実行してまいりたいと思います。

何れにしましても、当該株式については、コクドが実質所有しているのか、その他の第三者が所有しているのかについては、当社の現在の経営陣は、認識していませんでした》

弁明とも釈明ともとれない言葉が続く。社長の小柳皓正は、コクドによる西武鉄道株の保有率を早期に五割に下げ、最終的には三分の一まで持ってゆき独立性を高めたいと、会見で訴えた。そして、借名株が発覚した経緯についてこう報告書に記した。

《5．判明経緯及びその後の経緯について

本年三月の商法違反事件以降、当社は社会的信頼を回復するべく、コンプライアンス体制の整備充実および人心一新、また業務全般にわたる再点検を行ってまいりました。とりわけ人心一新については、全社的に異動を実施し、部長また実務責任者である課長の異動を行いました。

この一連の人事異動により、株式業務を所管する新たな部長・課長が着任し、また、当社社長が業務全般にわたる再点検実施を重点的に指示したことにより、今回、株主名簿上はコクドおよびプリンスホテル名義になっていないが、両社が実質的に所有している可能性がある「疑義のある株式」の存在が報告された次第であります。当該株式については、社内で過去まで遡り調査しましたところ、かなりの長期間にわたり存在していることが確認されました》

西武鉄道がいみじくも明らかにしたように、創業者である広尾の屋敷にあった堤康次郎事務所は、同時に、国土計画興業（当時）の「広尾分室」と呼ばれていた。これはつまり、堤康次郎の個人事務所と国土計画興業がまったくの同体であることを示している。

この康次郎の個人事務所が管理していた「借名株」が個人遺産であるからこそ、その管理は康次郎の死後、コクドに預けられ、そしてあまりに膨大なその所掌事務をコクドは配下の西武鉄道に〝委託〟した。西武鉄道の報告書はそう書かずして、その実態を明らかにしているに等しい。

そして、西武鉄道の借名株発覚後に、やはり西武グループの伊豆箱根鉄道や近江鉄道でも同様の借名株の存在が確認され、社長らが辞任する展開となった。

この連鎖した現象はコクドと西武グループとの基本的な構造に起因する。そしてこの基本構造は同時に、コクドには波及しない逆止弁の役割も持っている。

どういうことか――。

それは、コクドが西武グループの企業ではないと考えるとわかりやすい。もちろんコクドが西武グループの一社として認知されていることは紛れもない事実である。しかし、前出のマル秘役員会資料にも書かれている通り、西武グループの中核企業は西武鉄道であり、その西武鉄道を一段上位から統治支配しているのがコクドなのだ。

この複雑な株の保有支配をコクド＝堤家という系譜によって統治管理しているのが西武グループなのである。そのため、この株保有のネットワークの一部で借名株の存在が綻《ほころ》びを見せ始めると、その借名株の存在によって保たれていた株式比率の安定性に次々と変動が生じ、連鎖的に歪みが伝播し始める。

それだけに、西武鉄道が借名株の存在を明らかにしたことの意味は極めて大きい。西武グループ全体の構造強度を根本から揺るがしたのである。

運輸省の天下りである西武鉄道社長の小柳は会見中、「コクドの持株比率を早期に五〇％以下に抑え三分の一まで低下させる」を何度も繰り返した。記者らから、「それは堤義明の了承をとっているのか」と訊かれると、「堤さんにはお会いしていない。しかしコクドには基本的には了承いただいたと思っている」と、微妙な力関係をほのめかした。

中核会社である西武鉄道の社長にして、そのオーナーとの距離がそれほどまでに離れているのか。「私も四月の社長就任以来、この場で初めて堤さんにお会いしました」という十月十三日の小柳の記者会見は、このグループにおける「堤義明」の特殊性を改めて印象づけた。

康次郎は個人事務所であるコクドに資産管理を集中させることで、そこから百社を超えるグループ企業の統治を行えるように、その株の持ち合い状況を整備したのである。西武鉄道の報告書が示すように、それはプリンスホテルとの関係においても同様であり、その後発覚した伊豆箱根鉄道や近江鉄道といったグループ企業でも借名株による統治管理は行き届いていた。

おそらく、主要なグループ企業の隅々まで同様の手法が行き渡っていると考えるほうが自然だろう。堤家が支配する借名株があって初めて、西武グループは康次郎の死を乗り越えられたのである。借名株を使うことで、個人資産を他人名義で分散保有し、バブル期「四十兆」とも言われたグループ全体の資産に対する課税を乗り切り、康次郎が願っていた「事業の継続」は可能となったのだ。

事業資産と個人資産はコクド・西武グループにおいては同じ意味となる。通常は両者をきっちりと分けることで経営の透明性を確保するが、同社においてはそれこそはグループ構造の基礎を揺るがすタブーとなったのであろう。しかし、実はこうした発想が異例のものであったのかといえば、それは決してそうではない。

しばしば指摘されるように、日本において「資本と経営の分離」は欧米に遅れていた。ある意味で、出資したオーナーが経営の全体を指揮する「資本と経営の一致」にこそ、日本型経営の地盤の強さがあった。

だが、それは同時に財閥形成につながり、第二次世界大戦後にその財閥は解体されることになる。

だが、めぐらせた智恵でその不可避であろうと思われた解体を奇跡的に乗り切ったのが西武なのだ。しかしその西武も、二〇〇四年、その堅牢な帝国の礎をもろくも瓦解させたのだった。

それは、戦後六十年を経て日本の近代化がようやく完了した、その一瞬であるのかもしれない。

（了）

あとがき

校了作業中の一月中旬、堤義明氏の側近らが東京地検特捜部の事情聴取を受けているとの報道が新聞各紙をにぎわした。立件・立証が困難といわれる「インサイダー取引」による証券取引法違反での取り調べだ。特捜部は〝本丸〟である義明氏の逮捕を射程に入れていることは間違いない。二〇〇四年十月十三日の辞任会見から三カ月以上にわたり、堤氏はグループ関係者にさえその居場所を知らせずに〝潜伏〟をつづけていた。西武鉄道による利益供与事件からおよそ一年、ついに日本を代表するカリスマ経営者の一人が地に墜ちる瞬間が迫っている。

過ぎた時間に「もし……」を加えることにさしたる意味がないとしてもなお、この地検の動きはいくつかの「仮に……」を想起させた。

「親父の葬儀に、義明さんに線香をあげに来てもらいたい」「わかった。約束する」という中嶋康雄氏とコクドとの誓いが果たされていれば、故・中嶋忠三郎氏の貸金庫に眠る書類が公にその存在を主張することはなかったかもしれない。

「ご説明します。すぐにお会いしましょう」。コクド広報室長、下田恒男氏の約束が果たされていれば、私はうまくその言説に誤魔化されてしまっていたかもしれない。さらに直後の、上司を通じたコクド側の圧力がなければ、私に、「組織を離れてでもやり遂げる」という取材継続の執念は生まれなかったかもしれない。行き詰まりと失意を奮い立たせたのは、皮肉にもコクド自身であった。些細で、ささやか過ぎるほどのきっかけが、「今」につながっているのだ。

忠三郎氏が金庫に残しておいた「株券預り証」は、西武グループに自らが生きた証であった。コクド側の株支配の全容は、特捜部による捜査を待たなければならないが、私にとって忠三郎氏が遺した謎を追う取材は、彼の悲しみを追う旅に他ならなかった。

晩年に届いた『堤康次郎』を前に、「俺の名前はどこにもないな」と呟いたその悲しみは、世のほとんどの人にとって無縁のものであろう。だが、「己の痕跡を消された」という無念に心を傾ければ、誰の胸にでもその悲しみは共有できうるものではないだろうか。

取材班の成果は、それぞれの面々が各々の媒体で多くのトップ記事として結実させた。最年少者であるにもかかわらず底なしにふてぶてしい私の、数多のわがままにお付き合いくださり、そして丁寧なご指導をいただいた。自身が所属する組織の外に、幸いにも本当に素晴らしい頭脳を持つ仲間と友人に恵まれた。心から感謝を申し上げたい。

プロローグや本文中で紹介した方々のほかに、「週刊新潮」時代の先輩記者だった齋藤眞氏にも御礼を申し上げたい。彼ほどの政治経済史における該博な知識を持つジャーナリストをほかに知らない。殺人事件を追う者の前では一課ものに強いトップガンとして、企業事件を追う者の前では経済事件のフロントランナーとして現れる。しかも、思想史や経済史、政治史、文化史を語ればその博識は底なしともいえる。二年間に及ぶ取材の間、齋藤氏は幾たびも私に手を差し伸べ、ジャーナリストにとって宝ともいえる、自身の持つ大切な情報源を惜しげもなく引き合わせ、閉塞した局面に突破の端緒をもたらしてくれた。

郷里に帰り、地域経済の動向をつぶさに取材する岩手日報報道部の角田元氏は、多忙ななか、図書館に通いつめ、資料や文献整理などご助力下さった。

「週刊新潮」編集部の酒井逸史次長には在職中から有形無形のご指導をいただいた。私の離職後も常に気にかけ、叱咤激励をして下さった。西武鉄道事件の取材に当たっては、唯一ともいえる支援者であった。酒井氏から学んだその静かで厳しい取材姿勢と隙・無駄のない文章は、現在の私になおも深く浸み入り、時に蘇る。畏友とも呼べる温かい存在である。

意欲的な作品を発表しつづける作家の蓮見圭一氏の温かいご支援に対しても、この場を借りて御礼申し上げたい。

鼓舞激励し続けてくださるジャーナリストの中里憲保氏への感謝の想いはもはや言葉にならない。還暦を迎えられる今の瞬間まで「生涯一記者」を貫き通された中里氏の背中はあまりに大きい。

政界往来社の坂本誠太郎社長にも、公私にわたり大変お世話になった。坂本社長の生き様はあまりに大きく、多くの糧を私の人生に与えて下さった。

「婦人公論」副編集長の三木哲男氏、そして単行本の執筆をとお声をかけて下さった光文社の槌谷昭両氏から受けたご支援の数々は語りつくせないものがある。生意気極まりない私に大変に辛抱強くお付き合いいただいた。

なお、本文は「プロローグ」と「あとがき」以外、人物名はすべて敬称を略させていただいた。また、本文中で頻繁に引用した『堤康次郎』（セゾングループ史編纂委員会が編集協力）は、批判的に解釈・把捉した部分もあるが、その全体の仕事としては、その歴史的網羅と位置づけが大変に丁寧で、公正さに気を配っていることが感じられる素晴らしい仕事であることを改めて付記したい。西武グループの草創期を冷静に評価しようという意図も感じられる貴重な一冊である。引用した以外にも多くを同書に負っている。

名前を挙げることはできないが、霞が関に勤務する旧友たちからも類稀《たぐいまれ》な智慧と知識をお借りした。中堅官僚へのステップを上がらんとする彼らのうち、ある者は二年の間に海外に留学し、またある者は在外公館への勤務となった。みな、西武グループの日本社会におけるあり方に疑問を抱いていた。そして、取材上知り合った後に退官されていった諸兄諸氏からもまた、快く貴重な「古い話」をご教示賜った。

ところで、私のジャーナリストとしての活動は本書をもって終了する。およそ八年間に及ぶ取材活動は、私自身にとってはあまりに滑稽な結末となった。公益性、社会性、報道という解釈無限の名の下で、私はあまりにも多くの人々を傷つけてきてしまった。そこにジャーナリズム本来の意味がありうるのだとしても、それは私のなかでは諒解しえず、嫌悪感だけが膨らんだ。

本書を書き終えた今、ただただ中嶋忠三郎氏の悲しみに向き合いたいという決意だけはいくらかはまっとうできたのではないかと思う。組織は時に残酷である。忠三郎氏も、自らが築き上げた組織そのものに、その存在を封印されることになってしまうとは、思いもよらなかったであろう。そんな無名の人間の悲しみに真摯に向き合う仕事にこそ、私は今後の人生を費やしていきたい。

そして、その亡き父の無念を晴らさんと立ち上がった康雄氏の勇気に改めて敬意を表したい。訴訟を通じての康雄氏の孤独な闘いの様には、深く頭が下がる。

康雄氏による訴訟は、西武グループだけでなく、日本の企業社会のあり方を問い直す上で大きな意味を持ったと私は信じている。
最後に本書を還暦を迎えた母・登美子に贈りたい。その生涯賃金のおよそ半分は私の図書文献費に費やされた。お詫びの言葉もない。深く感謝している。

二〇〇五年一月

七尾和晃

参考資料①

西武鉄道問題の経緯

2001年 1月	西武不動産販売と総会屋側不動産会社が西武鉄道所有の土地で売買契約
2004年 3．1	警視庁が西武鉄道専務・伊倉誠一ら６人、総会屋側３人の計９人を商法違反容疑で逮捕
4．8	戸田博之社長が辞任し、小柳皓正専務が社長に昇格
4．9	伊倉誠一らを別の商法違反で再逮捕
4.14	堤義明氏が西武鉄道会長を辞任
8.10	東京地裁で初判決。伊倉誠一被告に懲役１年６カ月（執行猶予３年）
10.13	西武鉄道が有価証券報告書の株主過少記載を発表。堤義明氏、全役職を辞任
10.16	ワコールがコクドに西武株の買い戻しを請求
10.22	西武鉄道の白柳敏行常務が株売却問題で辞任
11.12	西武鉄道・小柳社長らが「借名株」問題で釈明会見
11.16	西武鉄道上場廃止決定。小柳社長が「ジャスダック市場への上場を目指す」と会見
11.19	コクド総務部の木内保次長が入水自殺

参考資料②

「堤帝国」の資本関係図

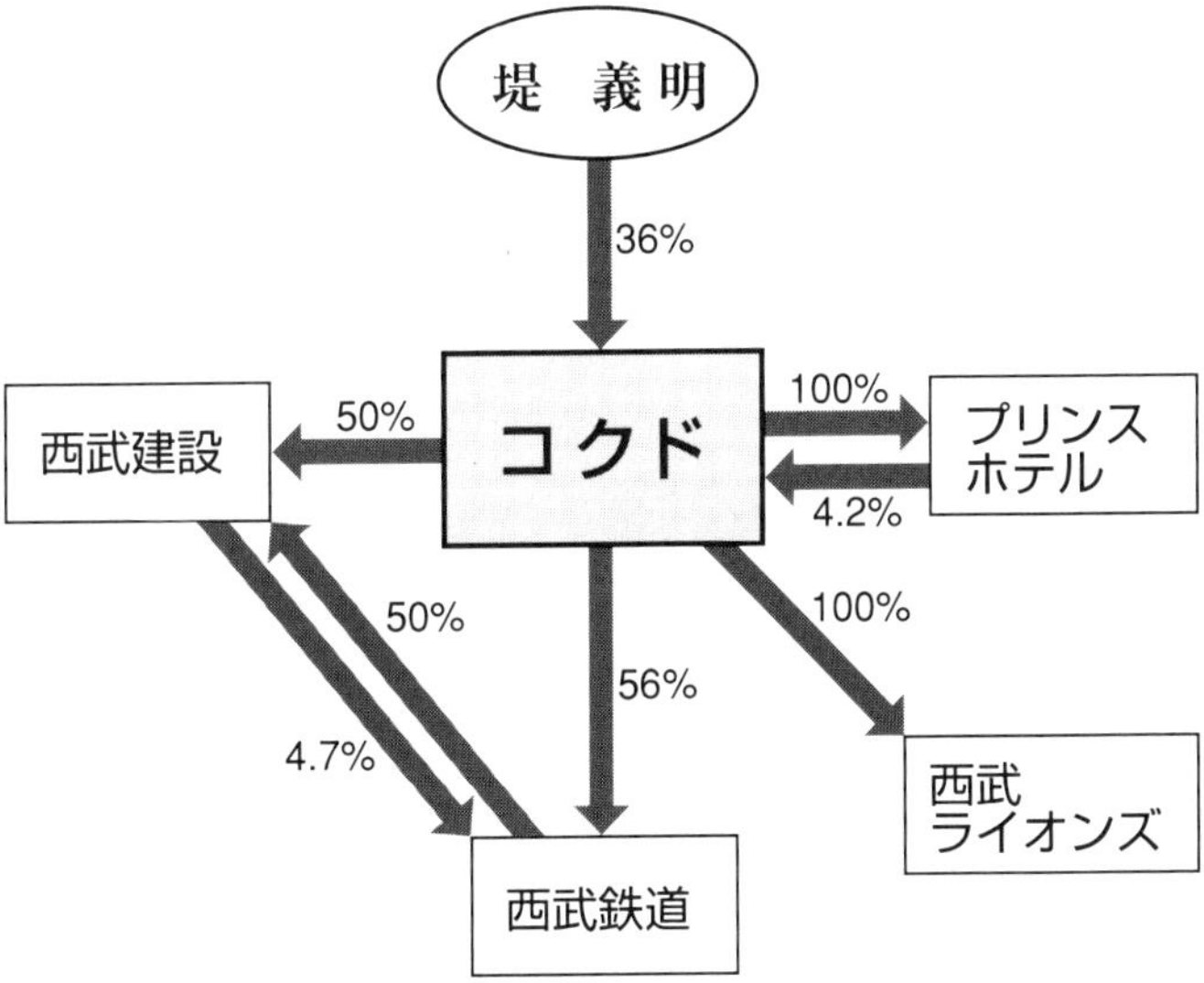

※数字は出資比率
（2005年1月12日現在）

参考資料③

堤義明の略歴

1934年	康次郎の三男として生まれる
1957	早稲田大学商学部卒
同	国土計画興業代表取締役に就任（23歳）
1965	国土計画社長に就任（31歳）
1966	石橋徳太郎長女・由利と結婚
1973	西武鉄道社長に就任（39歳）
1989	西武鉄道会長に就任（55歳）
同	日本オリンピック委員会初代会長に就任
1995	コクド会長に就任（61歳）
2004	全役職を辞任

堤康次郎の略歴

1889年	堤猶治郎の長男として生まれる
1913	早稲田大学卒
1920	箱根土地㈱（現コクドの前身）を設立
1924	衆院選に立候補して初当選
1944	箱根土地㈱を国土計画興業㈱に変更
1946	西武農業鉄道を西武鉄道に変更
1949	武蔵野デパートを西武百貨店に変更
1953	衆院議長に就任
1964	心筋梗塞で死去

参考資料④

堤家 家系図

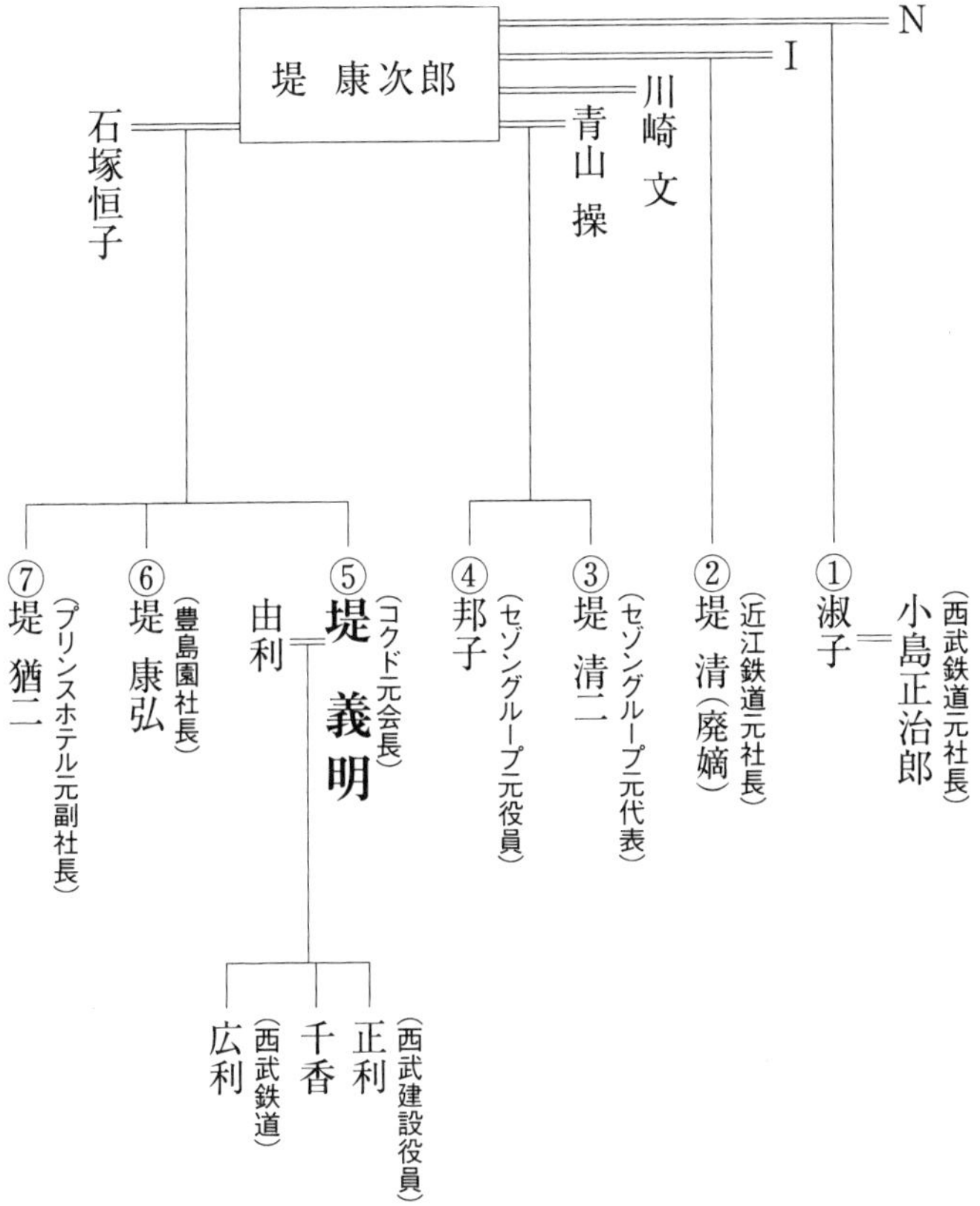
堤 康次郎
N
I
川崎 文
青山 操
石塚恒子
⑦堤 猶二（プリンスホテル元副社長）
⑥堤 康弘（豊島園社長）
⑤堤 義明（コクド元会長）
由利
④邦子（セゾングループ元役員）
③堤 清二（セゾングループ元代表）
②堤 清（廃嫡）（近江鉄道元社長）
①淑子
小島正治郎（西武鉄道元社長）
正利（西武建設役員）
千香（西武鉄道）
広利

参考文献一覧

主に文中にて出典明記のもの以外（取材過程で参考にしたものも含めて）

『昭和十六年　夏の敗戦』（猪瀬直樹著　文春文庫）
『或る裁判官の回想録2』（中嶋忠三郎著　近代文藝社）
『日本の黒い霧㊤㊦』（松本清張著　文春文庫）
『東京アンダーワールド』（ロバート・ホワイティング著　角川文庫）
『ヤクザ』（ディビット・E・カプランほか著　第三書館）
『日本の化学工業』（渡辺徳二編著　岩波新書）
『続　深代惇郎の天声人語』（深代惇郎著　朝日新聞社）
『文明が衰亡するとき』（高坂正堯著　新潮選書）
『近世日本社会と儒教』（黒住真著　ぺりかん社）
『人間　吉田茂』（塩澤実信著　光人社NF文庫）
『小説吉田学校　第二部　党人山脈』（戸川猪佐武著　角川文庫）
『素顔の昭和　戦後』（戸川猪佐武著　角川文庫）
『新々ちょっといい話』（戸坂康二著　文春文庫）

『西武グループが狙った開発極秘図』（真鍋繁樹著　青春出版社）
『いつもと同じ春』（辻井喬著　新潮文庫）
『終わりなき祝祭』（辻井喬著　新潮文庫）
『堤義明の知恵を盗め！』（小林吉弥著　大陸文庫）
『堤義明の人を生かす！』（上之郷利昭著　三笠書房）
『堤義明は語る』（上之郷利昭編　講談社文庫）
『堤義明の静かなる挑戦』（上之郷利昭著　プレジデント社）
『西武王国　堤一族の血と野望』（上之郷利昭著　講談社文庫）
『堤義明・男の凄さ』（永川幸樹著　三笠書房）
『実業界の巨頭』（ＴＢＳブリタニカ）
『日本経済史』（原朗著　放送大学教材）
『世界経済入門』（西川潤著　岩波新書）
『日本史年表・地図』（児玉幸多編　吉川弘文館）
『熱狂、恐慌、崩壊　金融恐慌の歴史』（Ｃ・Ｐ・キンドルバーガー著　日本経済新聞社）
『戦後産業史への証言　三』（エコノミスト編集部編　毎日新聞社）
『戦後史を歩く』（八柏龍紀著　情況出版）

『西武VS東急　上・下』（小堺昭三著　KKノラブックス）
『西武王国　鎌倉』（山本節子著　三一書房）
『岬』（中上健次著　文春文庫）
『暗い暦』（澤地久枝著　文春文庫）
『新・日本大名100選』（林亮勝監修　秋田書店）
『日本の名門・名家100』（中嶋繁雄著　幻冬舎）
『切絵図・現代図で歩く　江戸東京散歩』（人文社）
『通天閣夜情』（難破利三著　徳間文庫）

〈お願い〉この本をお読みになって、どんな感想をもたれたでしょうか。「読後の感想」を下記、学芸図書編集部あてにお送りいただけましたら、ありがたく存じます。また、今後どんな本をお読みになりたいでしょうか、どの著者の本をお読みになりたいでしょうか。お書き添えください。どの本にも誤植がないようにつとめておりますが、もしお気づきの点がありましたら、お教えください。ご住所、お名前とともにご職業、ご年齢などもお書きくだされば幸せに存じます。

光文社　学芸図書編集部

堤《つつみ》義明《よしあき》　闇《やみ》の帝国《ていこく》

西武グループの総帥はいかにして失墜したか

発行日　二〇〇五年二月一〇日　初版第一刷
二〇〇五年三月一五日　第四刷

著者　七尾和晃
発行者　加藤寛一
発行所　株式会社光文社
東京都文京区音羽一―一六―六　〒一一二―八〇一一
編集部　〇三―五三九五―八一七二
販売部　〇三―五三九五―八一一四
業務部　〇三―五三九五―八一二五
振替　〇〇一六〇―三―一一五三四七
e-mail:g-tosho@kobunsha.com
＊落丁本・乱丁本は業務部でお取り替えいたします
印刷所　慶昌堂印刷
製本所　ナショナル製本

Printed in Japan
ISBN4-334-97474-0